大谷翔平の
SHO-TIME ENGLISH

緒方 孝
Takashi Ogata

三笠書房

PROLOGUE はじめに

この1冊で英語力が劇的に向上、人生も変わる!

　一日数分、楽しく感動的でリアルに交わされた英会話に触れる――これが英語における、文法基礎力、語彙力、日常英会話力、雑談力など、総合的なレベルアップをかなえる最も手っ取り早い方法です。そしてその一助となるのが本書です。

　私たち日本人は学生時代に何年もかけて、毎日のように英語の授業を受けるのに、なかなか英語力が定着しないのはなぜでしょうか？　それは、これまでの英語学習に、以下の要素が決定的に欠けていたからです。

■**今、世界で話されている生の英語**に触れる機会
■**自然な発音、文法で話される良質な英語**に触れる機会
■**世界中の人と雑談に使えるトピック**に触れる機会
■**楽しく、感動し、読むと元気になる英語**に触れる機会

　いまだに学校の教科書では、This is a pen.のような、実際の会話で使いにくく、興味も持ちにくい例文が使用されています。

　人間の脳は、生きるために必要なことはすぐに記憶しますが、不要なものや興味のないものは忘れていくようにできています。学校の教科書で扱う英語は、実用性に乏しく話題も古めかしいため、学習モチベー

ションを高めにくいものであることは否めません。

そこを克服するために、朝から晩までの日常英会話集（例 I get up at seven.「私は7時に起きます」）や、英字新聞の記事、旅先で必須の英会話集、映画のシナリオ、A rolling stone gathers no moss.「転がる石には苔むさず」といった格言を題材にした学習法などが考案されてきました。おかげで興味を持てるテキストは増えましたが、毎日の会話や雑談、ネットのチャットなどでこれらはあまり使えないのです。

会うたびに、朝から晩まで自分の一日を報告し、政治や経済などの小難しい話や格言ばかり話題にしていたら、近寄りがたい人になってしまいます！ しかも、映画やTVドラマやコミックは、現代英語では到底使わない「～でござる」「ナウい」のような古典的表現や、「犯人の残した証拠は……」「魔法界へ……」といった独特な世界観が色濃かったり凝った言い回しのセリフが多かったりして、使いやすいかというと、これまた微妙です。

では、どうしたらいいのか？
そう、まさかとは思うでしょうが、メジャーリーグ・ベースボールの英語実況放送、しかも日本人として活躍している大谷翔平選手の試合中継こそ、上記の課題をすべて克服する素晴らしい教材となりえるのです。

筆者は30年近く中学や高校で英語指導をしてきた実績があり、英語検定教科書や大学入学共通テスト用の教材や模試などの執筆実績が豊富です。実践的英語学習を推進しながらも、基礎基本の習得と受験指導でも

確実な成果をあげています。それゆえ、日本人の英語学習の欠点である「**臨場感あふれる生の英語に触れる機会の少なさ**」を身をもって感じています。その点メジャーリーグ中継は、日常的でシンプル、かつ実用的な英語だらけです。Got it!(やったぞ!)、Not in time!(間に合わない!)、〜in a raw（〜連続で）など、使われている単語の大半は誰が聞いてもわかる標準的な英語で、普段すぐに使えるものばかりです。

　本書は、大谷選手が"TWO-WAY PLAYER"として本格的にブレイクし、米・ベースボール界を席巻した2021〜2024年初頭の試合から、「**ああ、あのシーンか!**」と一瞬で記憶がよみがえる名場面を40本厳選しました。
　臨場感あふれる生のhumanなやりとり、興奮と感動に満ちたSHOWを通じてホンモノの英語に触れることであなたのソウルは震えるはずです。たとえ野球にさほど興味がなくても、大谷翔平という不可能を可能にしたスターの姿に、きっと興奮や感動を覚えるでしょう。教科書と違って見ただけで心が躍り、学習意欲が大幅にアップすることを確信しています。

　実は、ここが非常に大切です。
　脳がポジティブな状態や、感動しているときに見聞きしたことは、強烈に記憶に焼きつき、着実にあなたの血肉となり、英語力のアップに直結するからです。
　ほら、学校で学んだ難しい古語や数式はすぐに忘れてしまっても、仲のいい友人や好きな相手と感動や興

奮を分かち合ったときに交わした言葉は、一言一句覚えていますよね？

大谷翔平選手という、日本人にとってホットな人物の話題を通して英語に触れれば、学校の教科書を使って勉強したときに比べ、学習モチベーションは200％アップし、頭のなかで自然な反復練習が起こり、英語が着実に脳に刻み込まれていきます。

また、英語力を効果的に向上させるためには、無秩序に英文を読むだけでは不十分です。その点、この本に掲載された英語の実況やコラムは、一見ベースボールにまつわるフレーズしかないように見えますが、実は**中学で習うほぼすべての文法ルールを網羅し、定着させることを意図して厳選しています。**
実際、本書では、現在形／過去形／進行形／未来表現／現在完了形／分詞／動名詞／不定詞／助動詞／仮定法／受動態／比較／関係代名詞、と中学で学習する文法の範囲をすべて含んでいます。これらが入っていることを意識せずに楽しみながらシステマチックに定着させていける点で本書は、あらゆる生の英語学習コンテンツのなかでも非常に優れていると断言できます。読者の皆様の英語力の大幅な向上に必ず役立つことを保証します！

本書は、どんなレベルの英語学習者に対しても絶大な学習効果を発揮します。
英検１級レベルの人は、日本語訳がなくてもこの実

況がスラスラと理解できるようになれば、ビジネスレベルに近い**英語力**にまで引き上がります。

　英検3～2級レベルの人なら、語彙力、文法力、読解力が劇的に伸び、実際の会話で大半を占める**中学レベルの英語は自由自在に操れ、日常会話程度はこなせる**ようになります。

　さらに、**大学入試や高校入試の実践的補助教材としても有効**で、志望校合格を盤石なものにします。

　最後に、本書で大谷選手の活躍に接した皆様が、英語の学習だけでなく日々の生活においても前向きになり、その前向きな姿勢がさらなる幸運を引き寄せることをお約束いたします。

　本書1冊で、あなたの英語力は劇的に向上し、人生も変わります！

　　　　　　"IT'S YOUR SHOWTIME."　　　緒方　孝

HOW TO STUDY
本書の使い方

　ただひたすら楽しみながら、英語実況放送字幕と日本語訳、解説を黙読・音読していってください。

　そのうちに、不思議と日本語訳を見なくても英語実況放送の意味がわかるようになるはずです。英語が苦手な人は、先に日本語部分から読みはじめるといいでしょう。読み進めるうちに、「英語ではどう言うのかな？」と気になってくるはずです。そのときがチャンス！　記憶に焼きつき、二度と忘れない力となります。

　40の感動シーンで扱った実況の大半は、動画ストリーミングサービスや、無料公開されているメジャーリーグ公式サイト（https//www.mlb.com/）にて映像を実際に確認することができます。

　権利の関係上、映像そのもののリンクを掲載することは控えますが、本書をより有効活用し、さらにリスニング力やスピーキング力も高めたい方は、音声付き映像も併せて視聴することをおすすめします。

　本書を通じて、読者の皆様が大谷翔平選手のプレーの感動を共有しながら、英語力と英語学習へのモチベーションを高めていただければ光栄の至りです。
　そして、私たちも自身の"SHO-TIME"にあふれた人生を送っていきましょう！

シーンタイトル

各シーンを象徴する表現で、メジャーリーグ実況で多用される言い回しが中心。センセーショナルで印象に残りやすく、学習意欲を駆り立ててくれる

再現イラスト

各シーンを象徴するイメージを再現。実際のテレビ中継に近いシーンを視覚化することで、よりしっかり早く英文が記憶される

SHO-TIME 1

That ball was crushed!
ボールは粉砕された!

STAGE

- **WHEN** 2021年4月4日　シカゴ・ホワイトソックス戦
- **WHERE** エンゼル・スタジアム
- **SCENE** 0–0　1回裏　一死走者なし（打者大谷）

各シーンの日時、球場名、イニング、アウトカウント、走者の状況

メジャーリーグ公式サイト（https//www.mlb.com/）や動画配信サービスで実際の映像を探す際に活用できる

各項目にはこんな意味がある！

この場面の見どころ
復習する際に目次からシーンを探しやすくなる

CHAPTER 1　2021 Real Two-Way Star　27

Real "Two-Way Theater" begins
リアル"二刀流劇場"開演
初の投打同時出場。第1打席に特大ホームラン

🎯 BACKGROUND

　2020年、大谷翔平は打者としては打率.190、7本塁打、投手としては0勝1敗、防御率37.80の成績に終わります。2018年、右肘の故障時に受けた靭帯修復手術（トミー・ジョン手術）の後遺症が懸念された「投手大谷」に対しては限界説もささやかれたほどでした。
　そして復活にかける2021年、メジャーリーグ移籍後初めてDH（指名打者）を解除し、2番・投手の「リアル二刀流」でホワイトソックス戦に出場します。「2番・投手」は1903年のジャック・ダンリービー（カージナルス）以来118年ぶり、史上3人目のことです。
　この試合は米スポーツ局「ESPN」で全米中継されました。大きな注目を集めるなか、先発投手として1回表を無失点で切り抜けた大谷。その直後に第1打席を迎えます。前年度の不振という逆境を自らの投球と打撃で跳ね返すことができるでしょうか？　注目の1戦が開幕しました。

バックグラウンド
この名場面に至るまでの、チームや大谷翔平選手の直前の状況。どんな心理状態かを踏まえたうえで実際の実況を読むと、より感動が高まり英語の定着度が上がる

♥ WORDS & PHRASES IN LIVE
❶ **man**：「なんてことだ！」。驚きを表す間投詞
❷ **lean into it**：「それに全力で立ち向かう」→「積極的にいく」
❸ **Matty**：「マティ」。PBPマット・バスガージアン氏の愛称
❹ **I mean**：「いやその」。発話の途中で訂正を加える言葉
❺ **ridiculous**：「ばかげている」→「すごすぎる」
❻ **one-nothing**：「1対0」

覚えておきたい重要表現、日常よく使われる口語表現など
実況放送の英文（LIVE SHO-TIME）を読んで難しく感じる場合は、先に見ておくとよい。実況英文の意味がある程度わかる人は、意味を推測しながら実況を読み、あとから確認として見るとよい

実況
実際の実況放送をそのまま再現。臨場感あふれ、かつ、視聴者にわかりやすいシンプルな言い回し。汎用性が高いフレーズがギッシリ詰まっている

28

LIVE SHO-TIME! 1

First pitch swinging.
初球を振ってきますね。
ピッチャー初球を投げる。大谷フルスイング、バットからは凄まじい衝突音

Oh, and first pitch crushing!
オウ！ 初球粉砕だ！
打球はあっというまに右中間スタンド上段へ

Oh, man! Lean into it!
なんてこった！ 積極的だぜ！
大谷が悠々とダイヤモンドを回りホームへ向かう

Matty, we said it at the start, I mean, here's a guy that throws the ball 101 on one half of the inning and the next one is the first pitch 95 plus, 450 feet. Oh man, I mean that ball was crushed. Wow! That was ridiculous.

マティ、最初にも言ったんだけど、つまりだね、ここにはイニングの表で時速101マイル（約162キロ）の球を投げて、イニングの裏で95マイル以上の初球を打って、450フィート（約137メートル）のホームランを放つ男が存在するってことだよ。なんてこった。あのボールは粉砕されたよ。ワオ！ すごすぎるよ。

大谷は歓喜に沸くベンチの輪の中へ

One-nothing, Angels.
エンゼルス、1対0としました。

PBP
Play-By-Play の略で、試合の「実況放送担当者」の意

CC
Color Commentator の略で、試合の「解説担当者」の意

訳
実況放送の日本語訳。原文の直訳を意識しつつも、日本語実況としても自然なものになるように配慮している

とがき
名場面における選手や観客の動き

CHAPTER 1 2021 Real Two-Way Star 29

解説 EXPLANATION

大谷が初回の第1打席、初球をフルスイングすると、強烈な破裂音がバットから発せられました。

このときの打球音は、大谷史上最高のものだとファンの間の語り草になっています。度肝を抜かれた PBP が crushing という表現を使ってその打球の凄まじさを伝えています。crush とは本来、「押しつぶす」「粉砕する」という意味の動詞です。そこから転じてベースボールでは crush を、「球が破裂するかのように強打する」の意味でよく使います。

CC の "Matty〜" のセリフからは、現代野球では不可能といわれた投打二刀流、しかも剛速球を投げ、大アーチを放つという規格外の活躍に対し、ただただ驚嘆している様子がわかります。ここで再び、"that ball was crushed"（あのボールは粉砕されたんだよ）と crush が使われていますね。

"That was ridiculous." の ridiculous は本来「ばかげている」の意味ですが、「信じられないほどすごい」という褒め言葉としてもよく使われます。

さあ、リアル二刀流ショウの幕開けです。

♥ 日常で使えるイチオシ表現

ridiculous：「すごすぎるよ」
Your cooking skill is ridiculous! This is the best meal I've ever had.
君の料理の腕前は信じられないほどだ！ 今まで食べたなかで一番おいしい。
The concert was so ridiculous that everyone was left speechless by her overwhelming performance.
そのコンサートは信じられないくらい素晴らしくて、皆が彼女の圧倒的な演奏に言葉を失った。

♥ LIVE SHO-TIME のおさらい

That was ridiculous. すごすぎるよ。

解説
名場面の内容や実況放送のセリフをわかりやすく解説。最高に盛り上がる場面でのプレーの進行を追うように説明されているので、気分も英語の定着率も高まる。英語文化や慣習に対する関心が高まる語源や日常場面での活用についての知識も盛り込まれ、英語を根本から理解して使えるようになる

日常で使えるイチオシ表現
ベースボールの場面のほか、日常的に使われる便利な言い回しや使用例を掲載。実際に口ずさんで覚え、使ってみよう。しかも使うほど人生に前向きになれるポジティブ表現を厳選！

LIVE SHO-TIMEのおさらい
実況放送のなかで使われていたフレーズ。覚えたらどんどんアレンジして使おう！

contents
PROLOGUE はじめに……2
HOW TO STUDY 本書の使い方……7

CHAPTER 1
2021 Real Two-Way Star
リアル二刀流

 That ball was crushed! ……26
ボールは粉砕された!

Real "Two-Way Theater" begins ……27
リアル"二刀流劇場"開演
ridiculous:「すごすぎるよ」……29
Your cooking skill is ridiculous! This is the best meal I've ever had.

 Got him! ……30
打ち取った!

Pitcher Ohtani wins for the first time in three years ……31
投手大谷、3年ぶり勝利
~in a row:「~連続で」……33
It has been raining for three days in a row.

 He did it! ……34
やったぞ!

SHO-TIME from the desperate situation ……35
絶体絶命からのショウタイム

That's why~:「だから~なのです」……37
She is always kind to me. That's why I like her.

 Ohtani is on! ……38
オオタニはセーフだ！

Bunt by a pitcher and slugger that makes your brain glitch ……39
脳がバグる投手兼スラッガーのバント

against~:「~に対抗して」……41
We protested against the project.

 Extra base hit ……42
長打

Double to right field!? ……43
ライト前ツーベース！？

another:「さらにもう1つ追加の~」……45
Would you like another cup of tea?

 A man who prides himself on being the world's biggest Ohtani fan ……46
世界一の大谷マニアを自負する男

 Way back ……48
大きな当たりだ

"SHOW" keeps going ……49
"ショウ"は続く

keep ~ing:「~し続ける」……51
I had to keep waiting for her for 40 minutes.

Gone! 52
いったぁ！

Unbelievable home run 53
理解不能ホームラン

challenge〜:「〜に勝負を挑む」..... 55

I've decided to challenge Sota to a game of Shogi.

Force in a run 56
押し出し

Far from Ruth's level 57
ルースには程遠い

walk〜:「〜を歩かせる、散歩させる」..... 59

I walk my dog in the park every morning.

Here comes Shohei 60
ショウヘイがかえってくる

From hell to hero 61
地獄から一転、ヒーローに

Here comes〜:「ほら〜がくるよ」..... 63

Hurry up. Here comes the bus!

A bullet 64
弾丸ライナー

Wish for a home run by Shohei for my birthday! 65
誕生日にショウヘイのホームランを！

come true:「(願望や夢が)かなう、実現する」..... 67

If you work hard, your dream will surely come true.

COLUMN 2	**Legends crazy about Ohtani** ·····68

レジェンドたちが大谷にデレデレ

Got it! ·····70
やった！

Two-way talent rules! A Japanese player finally hits 40th home run! ·····71
二刀流炸裂！ 日本人悲願の40号！
Here we go with～:「さあ、～が始まるよ」·····73
Here we go with another exciting day.

Not in time! ·····74
セーフだ！

Walking me is useless ·····75
歩かせても無駄だぞ
in time:「間に合って」·····77
We arrived just in time for the last train.

Dig for third ·····78
サードへ向かう

The king of triples is a pitcher!? ·····79
三塁打王が投手!?
Is A going to～?:「Aは～するのだろうか？」·····81
Is it going to clear up tomorrow?

Go yard 82
ホームランだ

Allow a home run at the crucial moment 83
痛恨の被弾

back where we started：「振り出しに戻って」..... 85
After all the discussions, we're back where we started.

COLUMN 3 **MVP congratulations from Trouty (Mike Trout)** 86
トラ兄（マイク・トラウト）からのＭＶＰ祝福

特別付録 メジャーリーグ観戦キーワード 投手大谷編 ... 88

CHAPTER 2
2022 Legendary Unicorn
伝説のユニコーン

 That one doesn't stand a chance to stick around 90
この打球は、のんびりしてる暇さえないぞ

Home run that blows away worry 91
不安払拭アーチ

stick around：「のんびりする」..... 93
Today, I'll stick around and read some books.

 **Nasty split!** 94
エグいスプリットだ！

First victory with nasty off-speed pitches 95
キレッキレ変化球で初勝利

frustrated：「イライラした」..... 97

Father came in the room with a frustrated attitude.

Walk it off! 98
サヨナラ勝利だ！

Game-tying double followed by a walk-off home run 99
同点二塁打→サヨナラ生還

be being 過去分詞：「〜されているところだ」..... 101

The new drug store is being built near our house.

Go back-to-back! 102
二者連続だ！

Go back-to-back with "Big Brother" 103
"兄貴"と連弾

in store：「予備が用意されて」..... 105

We have plenty of drinks in store for tonight's party.

COLUMN 4 **Wasn't it "I don't have sink"?** 106
"I don't have sink"だったんじゃ？

Back in the saddle! 108
復活だ！

Losing streak stopper 109
連敗ストッパー

incredible：「信じられない」……111
You beat the last champion? Incredible!

 It is in there! ……112
入っている！

Miraculous 24 hours ……113
奇跡の24時間

absolutely：「本当に、すごく」……115
Your performance is absolutely fantastic!

 Help yourself out ……116
自援護だ

Triple that helps himself ……117
自援護三塁打

Come on!：「冗談だろ！ マジかよ！」……119
A: I finished my homework in just two days.
B: Come on!

 COLUMN 5 **July 20, 2022: Won the ESPY Award!** ……120
2022年7月20日 — ESPY賞受賞！

 Track! Wall! ……122
打球は伸びる！ 伸びる！

From brilliant pitching to Hell ……123
快投一転奈落の底

come through with～：「～の成果を出す」……125
Despite the challenges, she always comes through with excellent results.

Just like that ……126
いとも簡単に

Finally ties Ruth ……127
ついにルースに並ぶ

go with〜:「〜を選ぶ」……129
I'll go with a cheeseburger and French fries.

Forget about it! ……130
追っても無駄だ！

Did you throw 100 pitches yesterday? ……131
昨日、100球投げたよね？

forget about〜:「〜のことはもう忘れなよ」……133
Don't worry about the mistake. Just forget about it.

COLUMN 6 Ohtani is a human after all ……134
結局大谷も人間だ

Get out of here! ……136
いったぁ！

Win the showdown between "the MVP candidates" ……137
"ＭＶＰ対決"制す

erase〜:「(ミス、負債)を帳消しにする」……139
I wish I could erase the mistake I made yesterday.

Make the catch ……140
捕球する

Will he achieve no-hitter? ……141
ノーヒッターなるか？

What a ～!:「なんという～だ！」……143
Good things happened to me one after another. What a day!

Complete replay of 2023 WBC final: Trout VS Ohtani ……144
完全再現 2023年WBC 決勝 トラウトVS大谷

特別付録 メジャーリーグ観戦キーワード 打者大谷編／
その他 ……150

CHAPTER 3
2023～ Spectacular Shohei
偉大なショウヘイ

How far will this one go? ……152
どこまで飛ぶんだ？

Each hero hits his first home run of the season ……153
シーズン1号競演
each＋動詞:「それぞれが～する」……155
Each contributes to the success of the team in their own way.

Make the play ……156
アウトだ

Rob him of a home run ……157
ホームランキャッチ

make up 〜:「〜の話をでっちあげる」……159
He didn't want to make the teacher angry, so he quickly made up a story about why he was late.

 Crushed just at the wall ……160
わずかに届かなかった

Cycle hits by a starting pitcher? ……161
先発投手のサイクル？
just miss:「わずかの差でうまくいかない」……163
I reached out to grab the falling smartphone, but just missed.

 Off the top of the fence ……164
柵の上部を直撃だ

Make up for my own mistakes with a furious blast! ……165
自分で取り返す！ 怒りの1発
protect 〜 from...:「…から〜を守る」……167
Sunscreen protects your skin from sunlight.

 Should be the ballgame ……168
試合は決まりでしょう

The two-way role didn't work out at all ……169
投打で不発
put 〜 away:「〜を片づける、〜を処理する」……171
Please put your toys away after playing.

Get out of the big jam ……172
大きなピンチを切り抜ける

Pitcher intimidates baserunner!? ……173
投手が走者を威嚇!?
fist pump：「拳を突き上げるポーズ」……175
When he knew he passed his exam, he did a fist pump in excitement.

 Exit velocity ……176
打球速度

Flipping the bat confident in a home run ……177
確信バットフリップ
be tied：「同点で、引き分けで」……179
The two candidates were tied in the election.

 Swing and miss! ……180
空振り！

Impressive presentation to a potential transfer team ……181
移籍候補先に強烈プレゼン
チーム名の単数：「〜所属の選手」。例 an Angel で
エンゼルスの選手 ……183
As a Lion, his performance this season has been so great.

 Curse by "naoe"? ……184
「なおエ」の呪い？

Absolute rocket ……186
完全にロケットだ

My longest 150-meter home run ……187
自己最長150メートルアーチ

What did I say?:「言った通りでしょう？」……189
What did I say? It worked out perfectly.

Complete game shutout ……190
完封試合

Congratulations on your first shutout in the Major Leagues ……191
祝メジャー初完封勝利

have never been better:「これまでで最高だ」……193
My health has never been better since I started jogging last month.

The nightcap ……194
ダブルヘッダー2試合目

Historic day: two home runs immediately following a shutout ……195
歴史的一日。完封直後2HR

Check:「チェック完了」(「よし確認済み」という独り言のイメージ)……197
I wonder if I have everything I need for the trip. Passport, check! Wallet, check!

SHO-TIME 38 **Through the inning** 198
この回をしのいで

Last victory with the Angels 199
エンゼルスでの最後の勝利

through~:「〜を乗り越えて」..... 201

He succeeded through many difficulties.

SHO-TIME 39 **Struck pretty well** 202
すごく強い当たりだ

No helmet, no problem 203
ノーヘルメット、ノープロブレム

reach~:「〜に到達する」..... 205

Her annual income has reached a million dollars.

COLUMN 9 **Classy consideration by Mr. and Mrs. Ohtani** 206
大谷夫妻の粋な計らい

SHO-TIME 40 **In the blink of an eye** 208
瞬くまに

SHO Act 2 begins 209
ＳＨＯ第２幕開演

worth the wait:「待つ価値がある」..... 211

The restaurant had a long line, but the food was worth the wait.

本文DTP　ウエイド（土屋裕子）
本文イラスト　ハヤシナオユキ　編集協力　NPO法人企画のたまご屋さん

CHAPTER 1
2021
Real Two-Way Star
リアル二刀流

SHO-TIME 1

That ball was crushed!
ボールは粉砕された！

場面 STAGE

- **WHEN** 2021年4月4日　シカゴ・ホワイトソックス戦
- **WHERE** エンゼル・スタジアム
- **SCENE** 0-0　1回裏　一死走者なし（打者大谷）

Real "Two-Way Theater" begins

リアル"二刀流劇場"開演

初の投打同時出場。第1打席に特大ホームラン

BACKGROUND

　2020年、大谷翔平は打者としては打率.190、7本塁打、投手としては0勝1敗、防御率37.80の成績に終わります。2018年、右肘の故障時に受けた靭帯修復手術(トミー・ジョン手術)の後遺症が懸念された「投手大谷」に対しては限界説もささやかれたほどでした。

　そして復活にかける2021年、メジャーリーグ移籍後初めてDH(指名打者)を解除し、2番・投手の「リアル二刀流」でホワイトソックス戦に出場します。「2番・投手」は1903年のジャック・ダンリービー(カージナルス)以来118年ぶり、史上3人目のことです。

　この試合は米スポーツ局「ESPN」で全米中継されました。大きな注目を集めるなか、先発投手として1回表を無失点で切り抜けた大谷。その直後に第1打席を迎えます。前年度の不振という逆境を自らの投球と打撃で跳ね返すことができるでしょうか？　注目の1戦が開幕しました。

♥ WORDS & PHRASES IN LIVE

❶ **man**：「なんてことだ!」。驚きを表す間投詞
❷ **lean into it**：「それに全力で立ち向かう」→「積極的にいく」
❸ **Matty**：「マティ」。PBPマット・バスガージアン氏の愛称
❹ **I mean**：「いやその」。発話の途中で訂正を加える言葉
❺ **ridiculous**：「ばかげている」→「すごすぎる」
❻ **one-nothing**：「1対0」

 LIVE SHO-TIME! 1

First pitch swinging.
初球を振ってきますね。
ピッチャー初球を投げる。大谷フルスイング、バットからは凄まじい衝突音

Oh, and first pitch crushing!
オウ！ 初球粉砕だ！
打球はあっというまに右中間スタンド上段へ

Oh, ❶man! ❷Lean into it!
なんてこった！ 積極的だぜ！
大谷が悠々とダイヤモンドを回りホームへ向かう

❸Matty, we said it at the start, ❹I mean, here's a guy that throws the ball 101 on one half of the inning and the next one is the first pitch 95 plus, 450 feet. Oh man, I mean that ball was crushed. Wow! That was ❺ridiculous.

マティ、最初にも言ったんだけど、つまりだね、ここにはイニングの表で時速101マイル（約162キロ）の球を投げて、イニングの裏で95マイル以上の初球を打って、450フィート（約137メートル）のホームランを放つ男が存在するってことだよ。なんてこった。あのボールは粉砕されたよ。ワオ！ すごすぎるよ。

大谷は歓喜に沸くベンチの輪の中へ

❻One-nothing, Angels.
エンゼルス、1対0としました。

大谷が初回の第1打席、初球をフルスイングすると、強烈な破裂音がバットから発せられました。

このときの打球音は、大谷史上最高のものだとファンの間の語り草になっています。度肝を抜かれた PBP が crushing という表現を使ってその打球の凄まじさを伝えています。crush とは本来、「押しつぶす」「粉砕する」という意味の動詞です。そこから転じてベースボールでは crush を、「球が破裂するかのように強打する」の意味でよく使います。

CC の "Matty～" のセリフからは、現代野球では不可能といわれた投打二刀流、しかも剛速球を投げ、大アーチを放つという規格外の活躍に対し、ただただ驚嘆している様子がわかります。ここでも再び、"that ball was crushed"(あのボールは粉砕されたんだよ)と crush が使われていますね。

"That was ridiculous." の ridiculous は本来「ばかげている」の意味ですが、「信じられないほどすごい」という褒め言葉としてもよく使われます。

さあ、リアル二刀流ショウの幕開けです。

日常で使えるイチオシ表現

ridiculous:「すごすぎるよ」

Your cooking skill is ridiculous! This is the best meal I've ever had.

君の料理の腕前は信じられないほどだ！ 今まで食べたなかで一番おいしい。

The concert was so ridiculous that everyone was left speechless by her overwhelming performance.

そのコンサートは信じられないくらい素晴らしくて、皆が彼女の圧倒的な演奏に言葉を失った。

LIVE SHO-TIME のおさらい

That was ridiculous. すごすぎるよ。

Got him!
打ち取った！

 STAGE

- **WHEN** 2021年4月26日　テキサス・レンジャーズ戦
- **WHERE** グローブライフ・フィールド
- **SCENE** 7−4　5回裏　無死走者なし（投手大谷）

Pitcher Ohtani wins for the first time in three years

投手大谷、3年ぶり勝利
初回乱調も自援護からの奪三振ショウ

 **BACKGROUND**

　2018年、投打二刀流で衝撃のメジャーデビューを果たした大谷翔平。順風満帆の最中、6月に右肘の靭帯損傷が発覚、10月に腱移植手術（トミー・ジョン手術）を受けることを余儀なくされます。その後、1年以上にわたる辛いリハビリを経て、2020年に2年ぶりに2度の登板を果たしますが、いずれも序盤でKOされてしまいます。「もうピッチングという余興はあきらめるときだ」といった辛辣な声も聞かれるなかの翌2021年、満を持して大谷は先発投手として復活を果たします。しかし、シーズン最初の2登板は、いずれも好投報われず勝利投手になることはできませんでした。投打二刀流出場となった3度目の先発登板、自らのバットで「自援護」し、3年ぶりの勝利投手になることができるでしょうか？

♥ WORDS & PHRASES IN LIVE

❶ **face~**：「〜と対面する」→「〜と対戦する」
❷ **including~**：「〜を含めて」
❸ **~in a row**：「〜連続で」
❹ **tie~**：「〜とタイ記録になる」
❺ **straight**：「連続した、続けての」
❻ **got him**：「彼を打ち負かした」→「打者を打ち取った」
❼ **last**：「直近の」

He struck out six in the last seven he's ❶faced ❷including four ❸in a row.

彼は対戦した直近の打者7人のうち、4者連続を含めた6人を三振で打ち取っています。

If he can strike out Jose Trevino, he will ❹tie a career best with five ❺straight strikeouts.

このホセ・トレビノを三振に打ち取れば、自身キャリアハイの5者連続奪三振となります。

　　　大谷の投じたインコースから鋭く曲がるスライダーが決まる
　　　　　　　　　　大谷吠える「オリャー!」
　　　　　　　　打者トレビノは手が出ず見逃し三振

❻Got him!

三振!

　　　　　大谷は判定を聞くか聞かないかのうちに
　　　　　　三振を確信して打者に背を向ける
　　　　　　　　　　気合も最高潮

Five straight strikeouts in seven of the ❼last eight batters!

5者連続奪三振、しかも直近の打者8人中7個だ!

EXPLANATION

　この試合、大谷は初回からコントロールに苦しみ、3ランホームランと犠牲フライでいきなり4点を失います。しかし、直後に大谷が自らを援護する2点タイムリーツーベースを放つなど、その後エンゼルス打線が爆発し、7－4と試合をひっくり返します。大谷は徐々にリズムを取り戻し、2回以降奪三振の山を築き、勝利投手の権利を手に入れる5回のこの場面を迎えます。CCのセリフ "the last seven he's faced" は、先行詞 seven（=seven hitters）を he's faced が修飾しており、「彼がここまで対戦してきた直近7人（の打者）」という意味です。なお、including four in a row は「4者連続を含む」という意味で、数字＋in a row「～連続で」はよく使われます。

　got him はベースボールの場合、「打者を打ち取った」ことを指します。特に三振に打ち取ったときによく使われます。「三振を取った」の意味ではほかに、冒頭の struck ～ out も用いられますが、got him は短いフレーズなので、投手が三振を奪った際の爽快感によりマッチしますね。

　乱調ハラハラからの自援護、最後は快投奪三振連発で、大谷は涙の3年ぶりの勝利を手にしました。

💙 日常で使えるイチオシ表現

~in a row：「～連続で」
It has been raining for three days in a row.
3日間連続で雨が降っている。
I stayed up three nights in a row.　私は3晩連続で徹夜した。

💙 LIVE SHO-TIME のおさらい

He struck out six in the last seven he's faced including four in a row.　彼は対戦した直近の打者7人のうち、4者連続を含めて、6人を三振で打ち取っています。

SHO-TIME 3

He did it!
やったぞ！

 STAGE

- **WHEN** 2021年5月16日　ボストン・レッドソックス戦
- **WHERE** フェンウェイ・パーク
- **SCENE** 4－5　9回表　二死走者一塁

SHO-TIME from the desperate situation
絶体絶命からのショウタイム
9回ツーアウト。起死回生の逆転ツーラン

BACKGROUND

　この直前の試合までエンゼルスは投打がかみ合わず4連敗。特に前試合のレッドソックス戦は0－9の惨敗で、大谷自身も3三振といいところなく終わりました。

　5連敗はなんとしても避けたい状況で、エンゼルス打線が2回に一挙に4点を先制します。しかし、3回に1点を返したレッドソックス打線は5回に一気に4点を奪って逆転、試合は4－5のまま最終回を迎えます。

　相手投手は、この年24セーブを記録し、7月のオールスター戦にも選出されることになる守護神バーンズ。エンゼルスは2者があっさりと凡退してツーアウト。5連敗が濃厚となります。しかし、ここでマイク・トラウトがヒットで出塁し、3番の大谷に望みを託します。

♥ WORDS & PHRASES IN LIVE

❶ **the corner**：「ライン（ポール）際」

❷ **He did it!**：「（大事な場面で大仕事を）やったぞ！」

❸ **the Halos**：「ヘイローズ」。エンゼルスの愛称。
　haloが元来、「天使（**Angel**）の輪」を指すことから使われるようになった

❹ **get it done**：「ちょうどやり終えた」

❺ **That's why~**：「だから~なのです」

❻ **let ~ 動詞の原形**：「~に…させる」。許可を表す使役表現
　My father let me go to the college.
　父は私がその大学へ進学することを許可してくれた。

投手バーンズ、内角に時速97マイルのフォーシームを投じる
大谷のバットが一閃、打球はライトポール際へ

Shohei, high fly ball to ①the corner.
ショウヘイ、ポール際に高い打球だ。

It goes into deep right field, Ohtani!
ライト深いところまで飛んでるぞ。オオタニ！

打球はライトポールを巻いてホームラン

Oh, ho ho ho, my! ②He did it!
おぉおぉ、なんと！　やったぞ！

Shohei gives ③the Halos the lead! He ④gets it done. Wow!
ショウヘイがエンゼルスに逆転をもたらした！
やりやがったよ。ワオ！

大谷は喜びで手を叩きホームへ
起死回生の1発に沸き上がるベンチ

⑤That's why you ⑥let Shohei Ohtani swing the bat.
だから、ショウヘイ・オオタニにバットを振らせないとね。

解説 EXPLANATION

エンゼルス1点ビハインドで迎えた9回ツーアウトランナー一塁、相手守護神のバーンズが投げた初球内角フォーシームを大谷がとらえ、角度36度の高い弾道の飛球がライトポール際に向かいます。

冒頭の"Shohei, high〜field, Ohtani!"の部分は、打球がフェアかファウルかを確認しようとPBPが早口で打球の行方を追っています。そしてホームランを確認した直後の"Oh, ho ho ho, my!"の部分は、単なる"Oh, my"だけでは興奮を伝えきれないほどの熱狂ぶりが表れていますね。

見出し語"He did it!"のdo itは「うまくやる」「成功する」の意味で、did itと過去形にすることで難題をやり遂げた人を褒めるときに使います。また、get it doneは前述のdo itと似ていますが、過去分詞doneが完了の意味を表すぶん「やり終えた」ことが強調され、今まさに大仕事が完了したというニュアンスです。ここでもPBPの興奮が強く伝わりますね。

最後の"That's why you let Shohei Ohtani swing the bat."は、直訳すると「だからショウヘイ・オオタニにバットを振ることを許可するんだ」の意味です。つまり、これだけ打撃力のある大谷を投手に専念させるのはもったいない、という気持ちで述べたセリフです。二刀流選手としての大谷の価値を、改めて周知させるホームランでした。

💙 日常で使えるイチオシ表現

That's why〜：「だから〜なのです」
She is always kind to me. That's why I like her.
彼女はいつも私に優しい。だから私は彼女が好きだ。

💙 LIVE SHO-TIME のおさらい

That's why you let Shohei Ohtani swing the bat.
だから、ショウヘイ・オオタニにバットを振らせないとね。

Ohtani is on!
オオタニはセーフだ！

場面 STAGE

- **WHEN** 2021年5月19日　クリーブランド・インディアンズ（現ガーディアンズ）戦
- **WHERE** エンゼル・スタジアム
- **SCENE** 2－3　6回裏　無死走者なし（打者大谷）

脳がバグる投手兼スラッガーのバント

Bunt by a pitcher and slugger that makes your brain glitch

先発投手→ライト守備→セーフティバント

背景 BACKGROUND

　この試合の大谷は、いつもの"リアル二刀流"投手兼指名打者で出場します。
「投手大谷」はやや制球が不安定で、5回先頭打者に甘く入った球をホームランにされ、2－2と同点に追いつかれます。ツーアウト後フォアボールを出したところでベンチが動きます。ここで降板かと思いきや、なんと大谷はそのままライトの守備に就きます。まさかの「三刀流」です。当時のルールでは、先発投手として降板したあとにそのまま指名打者として出場することは不可能でした。そのためエンゼルスは、1打席でも多く大谷に打席を回そうと、降板後、あえてライトの守備に就かせたのでした。

　その直後の6回です。満を持して大谷が先頭打者として登場。本来はありえなかったこの打席、なんとしても結果を出したいところです。ファンの期待はもちろんホームランです。

♥ WORDS & PHRASES IN LIVE

❶ **push the bunt**:「プッシュバントをする」
❷ **against the shift**:「シフトに対抗して」→「シフトの逆を突いて」
❸ **up the line**:「ライン際を転がって」
❹ **on**:「出塁して、セーフになって」(=**on base**)
❺ **with~**:「～という手段で」

LIVE SHO-TIME! 4

相手内野陣は大谷シフト(大谷のヒットを防ぐ守備隊形)を敷き、
サードが通常のショートの位置に就いている
投手シバーレが投球動作に入るやいなや、大谷はバントの構え

He ❶pushes the bunt ❷against the shift, Ohtani.

シフトの逆を突くプッシュバントだ。

見事なプッシュバントの打球がガラ空きの三塁方向に転がる

❸Up the line.

ライン際を転がっているぞ。

完全に虚を突かれたサードが捕球し、慌てて送球するも間に合わず

Ohtani is ❹on!

オオタニはセーフだ!

❺With a bunt base hit against the shift!

バントヒットでシフトの逆を突いたぞ!

大谷はベースを駆け抜けながら、両腕を広げて「セーフ」のポーズ

Second bunt hit of the season for Shohei.

ショウヘイの今シーズン2度目のバントヒットですね。

EXPLANATION

　この場面、インディアンズ内野陣は極端な右寄りの「大谷シフト」を敷いており、三塁ベース付近はガラ空きです。初球、大谷は意表を突く三塁線へのセーフティバントを敢行します。"against the shift" の against は「〜に対抗して」の意味で、つまりシフトの逆を突いたバントをしたということです。打球はコロコロと無人の三塁線に沿って転がっていきます。実況の "Up the line." は文字通り、三塁線に沿って打球が進んでいく様を伝えていることがわかりますね。

　サードが捕球して一塁に送球するも判定は「セーフ」、PBP が "Ohtani is on!" と叫びます。この on は on base のことであり、「出塁して」「セーフになって」の意味を表します。なお、「セーフティバント」は和製英語であり、英語では "bunt (base) hit" と言います。日本と違い、メジャーリーグでは「バントも狙ってヒットにするための手段」という考え方です。CC の最後のセリフに "Second bunt hit"（2度目のバント）とあるように、大谷は1シーズンに数回意表を突いてバントをすることがあります。大谷は「なんとしても塁に出てチームに貢献したい」という思いが、誰よりも強い選手なのです。「先発投手兼ホームラン打者が、途中でライトの守備にも就いて、セーフティバントもする」とは、本当に規格外ですよね。

日常で使えるイチオシ表現

against〜：「〜に対抗して」
We protested against the project.
私たちはその計画に対して抗議した。
They fought against discrimination. 彼らは差別と闘った。

LIVE SHO-TIME のおさらい

He pushes the bunt against the shift.
シフトの逆を突くプッシュバントだ。

Extra base hit
長打

 STAGE

- **WHEN** 2021年5月22日　オークランド・アスレチックス戦
- **WHERE** エンゼル・スタジアム
- **SCENE** 0−3　6回裏　二死走者なし（打者大谷）

CHAPTER 1　2021 Real Two-Way Star

Double to right field!?
ライト前ツーベース!?
どん詰まりシングルヒットを快足でツーベースに

BACKGROUND

　大谷翔平と言えば、豪快なホームランを放ったり、快刀乱麻のピッチングで三振の山を築いたりするシーンを思い浮かべる人が多いでしょう。しかし、彼の魅力はそれだけにとどまりません。塁に出ては盗塁を敢行し、ボールが外野に飛べば1つでも先の塁を目指す貪欲な姿勢もまた人々を魅了するのです。世界中の大谷ファンのなかには、あらゆる場面において全力で躍動感あふれるプレーを披露する「根っからの野球少年」大谷翔平に、日々の刺激をもらっている人がたくさんいます。

　この試合、エンゼルスは相手先発投手に手玉に取られ、6回表終了時点で0－3とリードされます。そして、6回裏の3人目の打者として打席に立った大谷。

　さて、エンゼルスファンにとってはフラストレーションのたまるこの試合で、どんな「ショウ」を見せてくれるのでしょうか？

▼ WORDS & PHRASES IN LIVE

❶ **on**：「出塁して、セーフになって」（=**on base**）。41ページ参照
❷ **hustle double**：「ハッスルダブル（好走塁によるツーベース）」
❸ **impressive**：「印象的な、驚きの」
❹ **extra base hit**：「長打」
❺ **triple**：「スリーベース」

LIVE SHO-TIME! 5

Change up?
チェンジアップでしょうかね？

　　　　　　　　内角のボール気味の球を大谷が打つ
　　　　詰まった打球はゴロで二塁ベース横を抜けて外野へ

Fastball broke his bat. Ohtani is ❶on.
ファストボール（速い球）にバットが折れた。
オオタニが出塁します。

　　　　　　　　　　　　　　ライトが回り込んで捕球
　　　　大谷は一塁を蹴り二塁へ！　大きなストライドで全力疾走

He's hurrying for two. ❷Hustle double, Shohei!
2つ狙っているぞ。ショウヘイのハッスルダブルだ！

　　　　　　　　　送球がかえってくるものの大谷は二塁悠々セーフ

That's ❸impressive. How fast he is!
驚きです。なんという速さでしょう！

**Another ❹extra base hit.
Eleven doubles, two ❺triples and
fourteen home runs.**
またも長打です。これまでツーベース11本、スリーベース2本
にホームランも14本ですよ。

6回3点ビハインドの場面、大谷はバットを折りながらもライト前にしぶとくヒットを放ちます。

そして、常に1つでも先の塁を狙うのが大谷です。相手守備の隙を突いて二塁に向かいます。hurrying for two は two のあとに bases が省略されており、「2つの塁を求めて(=ツーベースを狙って)疾走して」が直訳です。また、hustle double「ハッスルダブル」とは、文字通り「ハッスルして得たダブル(=ツーベース)」から、「好走塁で得たツーベース」という意味です。

extra base hit は日本語の「長打」に当たりますが、一塁(シングルヒット)→二塁(ツーベース)……と少しでも多くの塁を追加(extra)する、というイメージです。なお、日本語で「長打」の意味で使われる「ロングヒット」は和製英語です。

CC の "Another extra base hit." の another は、「さらにもう1つの〜」の意味です。ホームランバッターでありながら、ツーベース、スリーベースを量産する大谷の異才ぶりに驚嘆している様子がうかがえますね。(実際、このあとの第4打席では大谷はスリーベースを打っています!

この「シングルヒットを足でツーベース化」を大谷は毎年数回やっています。まったく、油断も隙もありません(笑)。

日常で使えるイチオシ表現

another:「さらにもう1つ追加の〜」

Would you like another cup of tea?
紅茶をもう1杯いかがですか?

We have to wait another hour before the bus arrives.
私たちはバスが到着するまでにもう1時間待たなければならない。

LIVE SHO-TIME のおさらい

Another extra base hit.
さらにもう1本の長打。

COLUMN 1

A man who prides himself on being the world's biggest Ohtani fan
世界一の大谷マニアを自負する男

WORDS & PHRASES

① **obsessed with~**：「~のとりこになって、夢中で」
② **must**：「必見の人物、もの」。直後の **must-watch-television** は「テレビで必見の人物」
③ **Big League**：「メジャーリーグ」

> **Ohtani may win MVP this year. I'm ①obsessed with him.**
> 大谷は今年MVPを取るかもしれない。僕は彼に夢中だ。

2021年3月26日 米メディア「FOXスポーツ」のアナリスト、ベン・バーランダー氏（以下ベン）は自身のX（旧twitter）に上記の投稿をしました。同年春のオープン戦で猛打を振るい、時速100マイル投球を連発する大谷翔平の姿を見て、MVP受賞を開幕前に予見していたのです。ベンは同年から自身のYouTubeの番組などに'This Week in Shohei Ohtani News'のコーナーを設け、大谷を熱く語っていきます。

> **This guy is ②must, must-watch-television. Every single time he takes the field, He's doing something that hasn't been done in over 100 years. The man is incredible.**
> この男は見逃せない、テレビに出たら見逃せない。フィールドに立

つたび、100年以上誰も成しえなかったことをやってのけている。本当に信じられない。

　ベンは、2023年終了時点でサイ・ヤング賞を3回受賞している大投手ジャスティン・バーランダーの実弟です。自身も大学時代には二刀流選手でしたが、コーチの忠告により投手をあきらめることになります。その後、2013年に、デトロイト・タイガースから野手としてドラフト指名されますが、メジャーに昇格することなく2017年に引退します。2018年、メジャーに移籍してきた大谷を見てベンの投打二刀流への思いは再燃します。自身の経験を基に、いかにメジャーレベルでの二刀流がすごいことであるかをベンは常に力説します。

> **I did it at the college level. Then if you would ask me, is it possible to do it at the ③Big League level as well as he is doing, I would have said, No. It is impossible.**
>
> 私は大学レベルでそれ(=二刀流)をやりました。でも、彼がしているようにメジャーリーグレベルでそれが可能かと聞かれたら、「いいえ、不可能です」と言っていたでしょう。

「世界一の大谷マニア」は two-way の価値を世界に先駆けて広めてくれた1人といえるでしょう。

日常で使えるイチオシ表現

must watch television：「テレビに出たら見逃せない人物」

> あなたの推しの「時の人」を相手に伝えてみよう

The young actor is must-watch-television.
その若手俳優はテレビに出たら見逃せないよ。

The live concert is a must-watch-television for music fans.
そのライブコンサートは音楽ファンにとって見逃せないテレビ番組だよ。

Way back
大きな当たりだ

場面 STAGE

- **WHEN** 2021年6月19日　デトロイト・タイガース戦
- **WHERE** エンゼル・スタジアム
- **SCENE** 1-0　3回裏　一死走者三塁（打者大谷）

"SHOW" keeps going
"ショウ"は続く
6日間で6ホーマー＋投手1勝

BACKGROUND

　6月になり、大谷のバットが止まらなくなりました。このころには「大谷は当たり前のようにホームランを打つ」という認識が日本人に定着。

　特に、6月15日〜20日の「ホームラン6本＋投手で1勝」の凄まじさはベースボール史上、前代未聞のことでした。以下がその結果です。

　15日　アスレチックス戦　18号ホームラン
　16日　アスレチックス戦　19号ホームラン
　17日　タイガース戦　投手で3勝目
　18日　タイガース戦　20号＆21号ホームラン
　19日　タイガース戦　22号ホームラン
　20日　タイガース戦　23号ホームラン

　17日の投手勝利後、翌18日に2本のアーチを放った際、「さすがにやりすぎだろう」とみんなあきれ顔でしたが、ショウはまだまだ終わりませんでした。

♥ WORDS & PHRASES IN LIVE

❶ **crack**：「ボールを強く打つ」
❷ **way back**：「（打球が）はるか後方へ」→「大きな当たりだ」
❸ **It is gone!**：「いったぁ！（ホームランになった）」
❹ **the show keeps going**：「ショウはまだまだ続く」
❺ **three to nothing**：「（スコアが）3－0で」

相手投手が外角寄り時速95マイルのフォーシーム(直球)を投じる
大谷、引きつけて強打、打球は乾いた音を残してレフト方向へ

Ohtani ❶cracks one.
オオタニ、いい当たりだ。

Deep to left.
レフトに伸びている。

❷Way back there!
大きな当たりだ!

想像以上に伸びた打球はレフトスタンド中段へ

❸It is gone!
いったぁ!

大谷は悠々とベースを1周する

And ❹the show keeps going.
そしてショウはまだまだ続きます。

Number 22 for Ohtani.
It is ❺three to nothing, Angels.
オオタニ第22号です。エンゼルス、3-0としました。

EXPLANATION

「4日間で4ホーマー＋投手で1勝」でこの試合を迎えた大谷。すでに十分すごいのですが、「ショウ」はまだまだ止まりません。

crack one (=crack the ball) とは、「ボールをしっかり打つ」の意味で、"カキーン"という擬音があてられる打球がまさにそれです。このときの打球は角度25度の逆方向へのライナーでした。この打球が伸びを見せるのが大谷の好調時です。ここでPBPが叫ぶ "Way back (there)!" は、「(その方向の)はるか後方へ」が直訳で、「大きな当たりだ」の意味を表します。また "It is gone!" は「打球がスタンドへ入った」の意味で、ホームラン時に最もよく使う表現です。

"the show keeps going" は、「ショウは先へ進み続ける」→「まだまだ続いている」という意味です。keep ～ing は「～し続ける」の意味でよく使われます。この show は、SHO-TIME の SHO を意識していると思われます。つまり、大谷「ショウ」ヘイによるショウはまだまだ止まらない、と伝えたいわけです。「直近でこれだけ打ったんだからそろそろ show は終わりだろう」という予想をいい意味で裏切ってくれたという PBP の思いが伝わりますね。しかし、この22号でさすがに今度こそ打ち止めかと思われた show がさらに翌日も続くとは、いったい誰が予測したでしょう。

♥ 日常で使えるイチオシ表現

keep ～ing：「～し続ける」
I had to keep waiting for her for 40 minutes.
彼女を40分待ち続けなければならなかった。
Keep working hard, and you'll succeed.
努力しつづけなさい。そうすれば君は成功するよ。

♥ LIVE SHO-TIME のおさらい

The show keeps going. ショーはまだまだ続きます。

SHO-TIME 7

Gone!
いったぁ！

場面 STAGE

- **WHEN** 2021年6月27日　タンパベイ・レイズ戦
- **WHERE** トロピカナ・フィールド
- **SCENE** 5−4　9回表　二死無走者（打者大谷）

Unbelievable home run
理解不能ホームラン
二塁打、三塁打、とどめの衝撃アーチ

BACKGROUND

　6月後半にさしかかり、打者大谷は完全に長打量産モード。この試合でも二塁打、三塁打を放ち手がつけられません。そして、やりたい放題やって迎えた最終打席は、時速100マイルのファストボールが自慢のフェアバンクスと対戦します。

　左のイラストは、ドーム球場に設置された天井カメラによって撮られた映像を再現したもので、試合後にファンの間で大きな話題になりました。一見、上がりすぎの平凡なフライに見えるこの打球、実際はどうだったのでしょうか？

♥WORDS & PHRASES IN LIVE

❶ **drive**：「強いフライ性の打球を打つ」。101ページ参照
❷ **well struck**：「いい当たりで」（=**struck well**=**hit well**）
❸ **track**：「軌道を描く、進む」
❹ **the wall**：「（球場と観客席を分ける）フェンス」。なお、**the fence** とは通常、外野などにある防護フェンスを指す
❺ **Gone!**：「いったぁ！（ホームランになった）」
❻ **incredible**：「信じられない」
❼ **not a good idea**：「得策ではない」。提案されたプランが最適解ではなさそうなときに使う

LIVE SHO-TIME! 7

I believe he's going to challenge him with a fastball.

ここは絶対ファストボールで勝負してきますよ。

解説の予想通りファストボールが内角低めへ
大谷はやや差し込まれたか？ 逆方向に高いフライが上がる

Shohei ❶drives that.

ショウヘイが高く打ち上げた。

It's ❷well struck, ❸tracking to ❹the wall...

当たりはいい、フェンスに向かっている……

上がりすぎのレフトフライに見えた打球は、失速せずにスタンドイン

❺Gone!

いったぁ！

大谷は一塁を回ったところでガッツポーズ

❻Incredible!

信じられません！

Big challenge with a fastball. ❼Not a good idea.

ファストボールで果敢に挑みました。が、得策ではありませんでした。

 **EXPLANATION**

　相手投手フェアバンクスは時速100マイルのフォーシームが武器の剛腕です。投じられた内角フォーシームに大谷はやや差し込まれ、高い打球が反対方向に上がり、一見ただのレフトフライに見えました。が、この打球はどんどん伸び、スタンドまで届いてしまいます。PBP の "drives that (=drives the ball)" とは、「ボールをしっかりと飛ばす」、また、"well struck" (=struck well) は直訳「十分に強く打たれた」から、「いい当たりだ」の意味になります。つまり、一見振り遅れに見えて、実は大谷はしっかりと投球をとらえ、強い打球を放っていたということになります。そのあとの "tracking to the wall" は「フェンスに向かう軌道を描いて (=フェンスに向かって)」の意味です。英語では観客席とフィールドを隔てるフェンスのことを、the fence ではなく、the wall (壁) と言います。

　"Gone!" は、「いった」「入った」の意味で、打球がスタンドに飛び込んだときに最もよく使う表現です。メジャーリーグではホームランを「球場の外に出たもの」と考えますので、"Gone" (直訳　球場の外へ行ってしまった) という表現が用いられるのです。1試合で二塁打、三塁打、そしてこの理解不能なホームランに CC (=解説者) が、"Incredible!" (信じられない！) と感嘆するのも無理はありませんよね？

日常で使えるイチオシ表現

challenge〜：「〜に勝負を挑む」
I've decided to challenge Sota to a game of *Shogi*.
聡太に将棋で勝負を挑むことにしたよ。

LIVE SHO-TIME のおさらい

He is going to challenge him with a fastball.
ここはファストボールで勝負してきますよ。

Force in a run
押し出し

 STAGE

- **WHEN** 2021年6月30日　ニューヨーク・ヤンキース戦
- **WHERE** ヤンキー・スタジアム
- **SCENE** 2－3　1回裏　二死満塁（投手大谷）

Far from Ruth's level

ルースには程遠い
「二刀流聖地」でまさかの初回7失点KO

BACKGROUND

　6月、この月だけでこれまで10本のホームランを打ち絶好調の大谷。ついに二刀流元祖・神様ベーブ・ルースが活躍した聖地ヤンキー・スタジアムに乗り込みます。ヤンキースは2017年、大谷メジャー移籍時の争奪戦に名を連ねていた球団でもあり、大谷を獲得できなかったことに関係者やファンは歯がゆい思いをしています。ブーイングも飛び交う敵地の第1打席で、大谷はいきなり26号アーチを放ち、球場全体が大歓声へと変わります。さらに、翌月の第2戦でも27号、28号と連発！　これには辛辣なニューヨーカーたちも舌を巻き、「ルースの再来だ」「いやルース以上だ」と絶賛の声をあげます。そして、満を持して第3戦は先発投手として登板。

　この試合の前まで防御率2.58と抜群の安定感を見せる大谷ですが……。

♥WORDS & PHRASES IN LIVE

❶ **walk~**：「「~を歩かせる」→「~に四球を与える」
❷ **force in a run**：「押し出し四球を与える」
❸ **four to two**：「（得点）が4対2で」
❹ **brilliant**：「輝いている、素晴らしい」
❺ **What a ~ !**：「何という~だ！」
❻ **letdown**：「失望」

LIVE SHO-TIME! 8

And the 3-0.
カウントは3ボール。
　　大谷が内角に投じたストレートは無念にもストライクゾーンを外れる

He ①walked him on four pitches to ②force in a run.
ストレートのフォアボールで打者を歩かせて、押し出しです。

And the Yankees now lead ③four to two.
そしてヤンキースは4対2でリードです。
　　ここでエンゼルスのマドン監督が交代を告げにベンチを出る

Now that's going to do it for Shohei Ohtani.
ショウヘイ・オオタニはここで降板ということです。

So ④brilliant the first two games as a hitter.
最初の2試合は打者として素晴らしかったのですが。
　　　　　　　　　　　　　　茫然と立ち尽くす大谷

But ⑤what a ⑥letdown in his pitching performance here!
ピッチング内容は失望以外のなにものでもありません！

この日の大谷は制球が乱れ、初回に３者連続四球を与えたあと、連続タイムリーを浴びます。なんとか二死を取りますが、死球で再び満塁とされ、続く９番ガードナーに対しても３球連続でボールとなってしまいます。

なんと大谷は４球投げた (on four pitches) だけでフォアボール、つまり「ストレートのフォアボール」を出し、押し出しで追加点を許します。"He walked him" の walk は「彼（大谷）が彼（打者ガードナー）を四球で歩かせた」という意味です。force in a run は、「強制的に相手に得点 (a run) を入れさせる」が直訳で、つまり「押し出しで得点を許す」となります。

ベンチを飛び出してきたエンゼルス監督を見て PBP は、"Now that's going to do it" とコメント。これは「大谷のこの状況（=that）はベンチに彼の降板（=it）を決断させそうだ」を表します。CC は直前２試合の打者大谷を "brilliant" と賞賛したうえで、今回の登板を "what a letdown"（なんてがっかりだ）と、失望をあらわにしています。後続の投手も追加点を許し、大谷は初回を持たずに７失点ＫＯ！ 米メディアも手のひらを返して「大谷は過大評価だった」と酷評します。日本時間早朝に始まったこの試合、日本全体が落ち込む一日となってしまいました。大谷だって人間、いいときも悪いときもあります。とはいえ、この結果はあまりに無残、次戦以降の彼のメンタルにどう影響するか不安です。

日常で使えるイチオシ表現

walk〜：「〜を歩かせる、散歩させる」
I walk my dog in the park every morning.
私は毎朝、公園で犬を散歩させています。

LIVE SHO-TIME のおさらい

He walked him on four pitches.
ストレートのフォアボールで打者を歩かせました。

Here comes Shohei
ショウヘイがかえってくる

- **WHEN** 2021年7月2日　ボルチモア・オリオールズ戦
- **WHERE** エンゼル・スタジアム
- **SCENE** 7-7　9回裏　二死二塁（走者大谷）

From hell to hero
地獄から一転、ヒーローに
7失点KOの次の試合で2ホーマー、激走サヨナラ

背景 BACKGROUND

　前試合（SHO-TIME 8参照）で、失意の初回7失点KOを食らった大谷。降板後の焦燥しきった様子からメンタル面が心配されました。しかし中一日置いた次のオリオールズ戦にはいつものように打者として出場、チーム2−6の劣勢から3回にソロ、そして4回に逆転ツーランと、なんと2本のアーチをかけ、試合の流れをエンゼルスに引き戻します。

　7−7の同点で迎えた9回裏、四球で出塁した大谷はすかさず盗塁を決めてセカンドに進塁、サヨナラのチャンスを演出します。次打者3番レンドンは三振に倒れ、4番ウォルシュを迎える場面です。俊足大谷のホーム生還を防ぐべく、外野は前寄りの守備隊形を敷いています。

♥ WORDS & PHRASES IN LIVE

❶ **in**：「内野寄りの守備位置で」
❷ **work against〜**：「〜に抵抗する」
❸ **take away**「〜を奪う」
❹ **line it**：「ライナー性の打球を放つ」
❺ **here comes〜**：「ほら、〜がやってくるぞ」
❻ **throw**：「送球」
❼ **plate**：「本塁、ホームベース」

実況 LIVE SHO-TIME! 9

And now the outfielders are ①in now or closer and I should say not deeply. That could ②work against Anthony Rendon to ③take away his single.

外野は内野寄りで近め、深い守りではありません。(前打者の)アンソニー・レンドンのシングルヒットすら奪おうとしていた位置です。

投手が2球目を投げる
ウォルシュのバットがとらえ、鋭いライナーがライト前へ

Walsh ④lines it into the right field!

ウォルシュ、ライト前へ鋭い当たりだ!

二塁からの生還は無謀か?
だが、次の瞬間には三塁を回る大谷の姿が

⑤Here comes Shohei!

さあ、ショウヘイがホームにかえってくるぞ!

ライトから正確無比な送球がホームへ
大谷が滑り込む

The ⑥throw to ⑦plate to slide...

送球はホームへ! スライディング……

The Angles win! The Angels win!

エンゼルス勝利! エンゼルス勝利!

大谷は仰向けで両手を空に向けてガッツポーズ

　2球目を打ったウォルシュの打球は鋭いライナーとなり、ライト前に落ちます。"line it"は「ライナー性の打球を打つ」という意味です。ただし、PBPの冒頭の指摘通り、take away his single（シングルヒットすら奪う）くらいに外野は浅めの守備位置であり、快足の大谷とはいえ、ホーム生還は無謀にも見えました。しかし、サードが送球しようとするころにはすでに大谷は三塁を回っていました。驚いたPBPが"Here comes Shohei!"（さあ、ショウヘイがかえってくるぞ！）と叫びます。Here comes～（ほら～がくるぞ）は日常的に使われる表現で、この場合、走者がホームにかえってくる様子を表しています。ライトからホームへ、ドンピシャの好返球がかえってくるのとほぼ同時に大谷がホームに滑り込みます。PBPは、"The throw to plate to slide..."（送球はホームへ！　スライディング……）と臨場感たっぷりにその一連のプレーの様子を伝えています。

　結果は"The Angels win!"大谷の足が一瞬早くホームを踏んでいました。劇的なサヨナラ勝利です。前試合で7失点KOという地獄を見た大谷ですが、一転してこの試合ではホームラン2本に加え、激走サヨナラホームインという勝利の立て役者になりました。大谷はホームイン直後に仰向けになって両手を突き上げて喜びを表現します。これはバスケットボール漫画『スラムダンク』の仙道彰が試合中に決めるポーズと似ています。大谷は『スラムダンク』のファンで仙道推しとのこと。「いつかやろう」と狙っていたのかも（笑）。

日常で使えるイチオシ表現

Here comes～：「ほら～がくるよ」
Hurry up. Here comes the bus!　急いで。ほらバスがやってくるよ！

LIVE SHO-TIMEのおさらい

Here comes Shohei!　さあショウヘイがかえってくるぞ！

SHO-TIME 10

A bullet
弾丸ライナー

 STAGE

- **WHEN** 2021年8月14日　ヒューストン・アストロズ戦
- **WHERE** エンゼル・スタジアム
- **SCENE** 0-0　1回裏　無死走者なし（打者大谷）

Wish for a home run by Shohei for my birthday!

誕生日にショウヘイのホームランを！
CCの願いをかなえる先頭打者アーチ

背景 BACKGROUND

　エンゼルス戦中継の専属解説者を務めるマーク・グビザ氏は、「グービー」の愛称で親しまれ、自身もメジャー132勝を挙げた好投手でした。本書の  でも解説（CC）役を務めているのは大半がこのグビザ氏です。この日（８月14日）はグビザ氏の59歳の誕生日、大の大谷ファンでもある氏はプレゼントとして「ショウヘイのホームランを見たい」と試合前に切望します。

　とはいえ大谷自身は後半戦、二刀流の疲労もあってか打撃の調子を落としており、8月はここまでわずか1ホーマー、打ち出の小槌（こづち）のようにホームランが出ていた6月とは違います。さて、グビザ氏の願いはかなったのでしょうか？

♥ WORDS & PHRASES IN LIVE

❶ **a bullet**：「ライナー性の打球」
❷ **Goobie**：「グービー」。解説者マーク・グビザ氏の愛称
❸ **come true**：「実現する」
❹ **rocket**：「ロケットのように発射する」
❺ **Minitani**：「ミニタニ」ものまね芸人のアキ・テリヤキ氏が扮した大谷の姿
❻ **go yard**：「庭（グラウンド）を出る」→「ホームランを打つ」
❼ **beautiful**：「（内容が）素晴らしい、申し分ない」

LIVE SHO-TIME! 10

投手ガルシアが「ゆりかご投法」で大谷を幻惑しようとする
大谷は変化球にタイミングを合わせてジャストミート！

Ohtani! Right field! That's ①a bullet!

オオタニ！　ライト方向だ！　弾丸ライナーだ！
　　　　　　　　　　　　　　　打球はあっというまにスタンドへ

And that's gone! Happy birthday, ②Goobie! Your wishes ③come true!

いった！　誕生日おめでとう、グービー！　君の願いがかなうね！

Boy, that ball was ④rocketed out of the ballpark.

うわぁ。ボールはロケットみたいに球場を飛び去ったよ。

Hey, ⑤Minitani said that Shohei Ohtani was going to ⑥go yard today and he does in the first inning. ⑦Beautiful!

ほら、ミニタニが今日はオオタニがホームランを打ちそうだと言っていたんだけど、本当に初回に打っちゃったね。素晴らしいよ！

解説のグビザ氏が満面の笑みで
"All I Want For My Birthday Is a Homerun"
（僕が誕生日にほしいのはホームランだけ）のボードを掲げる

解説 EXPLANATION

　この日のアストロズの先発投手はルイス・ガルシア。赤ちゃんを抱っこしてあやすような動作をしてから投げる「ゆりかご投法」で有名な個性派です。大谷はこの投法で投じられた3球目をチェンジアップにタイミングを狂わされることなくとらえ、角度24度の低弾道のライナーはあっというまにライトスタンドに突き刺さります。a bullet はもともと「弾丸」の意味で、ベースボールでも「弾丸ライナー」を表します。英語では強烈な当たりのホームランを、a missile（ミサイル）、a bomb（爆弾）、a rocket（ロケット）などと大げさに表現する傾向があるようです。実際、解説グビザ氏本人も、"Boy"（Oh, my などと同様に驚きを表す）に続けて、rocketed（ロケット弾のように発射された）と形容していますね。

　Minitani とは大谷のモノマネをする芸人で、この中継開始前に大谷のホームランを予告していたようです。また、go yard（SHO-TIME 14参照）は「ホームランを打つ」という意味でよく使われます。CCの最後のセリフ "Beautiful!" はこの場合、外見の美しさについて触れているわけではなく、大谷のパフォーマンスの中身自体を「素晴らしい」「申し分ない」と褒めています。自分の願望が初回からかなえられたことに対する最大限の賛辞ですね。おめでとう！　グービーさん。そして絶好調とはいえなくてもやるときはやる大谷、やはり持ってます。

♥ 日常で使えるイチオシ表現

come true：「（願望や夢が）かなう、実現する」
If you work hard, your dream will surely come true.
努力すれば、きっと夢はかなうよ。

♥ LIVE SHO-TIME のおさらい

Your wishes come true.　君の願いがかなうね。

COLUMN 2

Legends crazy about Ohtani

レジェンドたちが大谷にデレデレ

WORDS & PHRASES

① **the thing is~**:「実際~だ」
② **clubhouse rosters**:「クラブハウスの出場登録選手たち」
③ **what it takes to** 動詞の原形:「~するのに何が必要か」
④ **routine**:「日課、ルーティン」
⑤ **position player**:「野手」

　2021年7月末、大谷翔平は投打両部門で初のオールスターゲーム出場メンバーに選ばれました。出場決定の報を聞き、米テレビ局FOXスポーツの特集番組で3人のレジェンドたちが大谷への思いを語ります。

アレックス・ロドリゲス(Alex Rodriguez)氏
愛称はA-Rod。歴代5位の通算本塁打696本。
リーグMVP3回。シルバースラッガー賞10回。本塁打王5回。

①<u>**The thing is**</u> **he's such a unique and historic talent, that he makes all-star** ②<u>**clubhouse rosters**</u> **stop and watch what he's doing.**

実際、彼はまさにユニークで歴史に残る才能だ。オールスター戦のクラブハウスでも、他の選手たちが彼の一挙一動に注目していたんだ。

デビッド・オルティス(David Ortiz)氏
愛称はビッグ・パピ。2022年アメリカ野球殿堂入り。
通算541本塁打、シルバースラッガー賞7回。本塁打王1回。

We are playing the Big League for a long time and we know, uh, ③<u>**what it takes to**</u> **have a** ④<u>**routine**</u> **as a**

⑤**position player** and as a pitcher. And this guy is dealing with both of them. This might be one of our lifetime thing we get to experience a guy that can do both.

僕たちはメジャーで長年プレーしてきた人間だからわかるんだ、野手と投手と両方の仕事を同時にこなすために何が必要かを。でもこの男はその両方をやってのけているんだ。一生に一度のことかもしれないね。両方で活躍できる選手を目撃できるなんて。

フランク・トーマス(Frank Thomas)氏
2014年アメリカ野球殿堂入り。通算521本塁打。
リーグＭＶＰ２回、シルバースラッガー賞４回、首位打者１回。

We might be looking at the greatest talent we've ever seen on the baseball field. But for me, watching this guy for a couple of years, I want to see him hit every day.

我々がこれまでフィールドで見てきたなかで最高の才能かもしれない。それでもこの数年彼を見てきて、個人的には彼の打撃を毎日見たいと思っているんだ。

超一流の３人だからこそ、大谷の価値を正しくとらえていますね。レジェンドたちも大谷にはメロメロです。

⚾ 日常で使えるイチオシ表現

know what it takes to 動詞の原形
「〜するために何が必要かを知っている」

▶ 目標達成の条件を理解していることを相手に伝えてみよう

I know what it takes to be a top pilot.
一流のパイロットになるには何が必要か知っている。

Tell me what it takes to stay focused on studying.
勉強に集中しつづけるために何が必要か教えて。

SHO-TIME 11

Got it!
やった!

場面 STAGE

- **WHEN** 2021年8月18日　デトロイト・タイガース戦
- **WHERE** コメリカ・パーク
- **SCENE** 2-1　8回表　無死走者なし（打者大谷）

CHAPTER 1　2021 Real Two-Way Star

Two-way talent rules! A Japanese player finally hits 40th home run!

二刀流炸裂！日本人悲願の40号！
8イニング快投＋値千金の"ムーンショット"

背景 BACKGROUND

　2021年、打者大谷は後半戦やや勢いを落としたものの、入れ替わるように投手大谷はグッと安定感を増しました。あの大乱調だったヤンキース戦（SHO-TIME 8）以降は、奪三振は抑え気味にしつつも四球の数を減らし、安定して長いイニングを投げる投手へと進化していきました。

　このアウェーでの試合は、元三冠王で敵タイガースの選手ながら家族ぐるみで大の大谷ファンでもあるミゲル・カブレラの500号記念ホームランがかかっており、そのため多くのタイガースファンが詰めかけていました。先発投手である大谷自身も、日本人には困難とされた40本塁打まであと1本と迫まっています。「友」の偉業を阻み、チームを勝利に導くことができるか？　注目の1戦です。

♥ WORDS & PHRASES IN LIVE

❶ **here we go**：「さあいこう」

❷ **got it**：「やったぞ」。何かがうまくいったときに使う

❸ **franchise record**：「球団記録」

❹ **Halos(=the Halos)**：「ヘイローズ」。エンゼルスの愛称。
　正式にはチーム名の前にはtheをつけるが、実況などで呼称として使うときはよく省略される。35ページ参照

❺ **uncle**：「まいった、降参だ」。間投詞

❻ **the baseball**：「（ベースボールの）ボール、球」

And ①here we go with Ohtani, the hitter to start the eighth.

さあそしてオオタニ、8回の先頭打者です。

初球の内角フォーシームを大谷はファウル

2球目、真ん中に入ったフォーシームを大谷のバットがとらえる

Oh, Ohtani ②got it! He got it!

おお、オオタニがやった！　やったぞ！

ライト方向、月に向かって夜空に打球が舞い上がる

Number 40!

40号だ！

A ③franchise record for a left-handed hitter. Three to one, ④Halos!

左バッターとしてはチーム記録です。エンゼルス、3対1です！

Oh, ⑤uncle! Shohei Ohtani, number 40.

いやぁ、まいった！　ショウヘイ・オオタニの40号です。

Seven incredible inning on the mound and he just smashes ⑥the baseball a mile!

マウンドでの信じがたいほどの7イニング、それでたった今ボールを1マイル（＝約1.6キロ）も先まで飛ばしたんですよ。

EXPLANATION

　大谷は制球重視の丁寧なピッチングでストライクを先行させ、7回まで6安打無四球、1失点の見事な投球を見せます。記録がかかったカブレラにもホームランを許しません。そして、大谷は8回に先頭打者として打席に入ります。スコアは2対1、エンゼルス救援陣には不安が残るため、リードを広げておきたいところです。大谷が2球目のフォーシームを振り抜くと、打球は満月の夜空に舞い上がる「ムーンショット」となり、実況も"Ohtani got it!"（オオタニがやった！）と叫びます。got it は、何かが成功したときに「やったぞ！」と伝える口語です。SHO-TIME 3 で既出の did it は「重要なことを達成した」という意味合いが強いのに対し、got it は「パフォーマンス自体がすごかった」という意味合いが強いフレーズです。敵地の静寂を大歓声に変えたこの美しいムーンショットは、見た目のインパクトが強いホームランでした。CC も"smashes the baseball a mile"（1マイル先までボールを飛ばした）と大げさに言うほどの衝撃アーチです。ここでの baseball は「(ベースボールの)ボール」のことで、競技自体を指すわけではありません。レジー・ジャクソンの左打者 franchise record（球団記録）を抜く40号アーチ、投手大谷も切望していた追加点です。8回も続投した大谷は相手を3者凡退に抑えます。この日は自己最長の8イニングを投げて1失点の快投、そして貴重なホームランという「二刀流デー」でした。

💙 日常で使えるイチオシ表現

Here we go with~：「さあ、～が始まるよ」
Here we go with another exciting day.
さあ、またワクワクする一日が始まるよ。

💙 LIVE SHO-TIME のおさらい

Here we go with Ohtani.　さあ、大谷が先頭打者です。

SHO-TIME 12

Not in time!
セーフだ！

 STAGE

- **WHEN** 2021年8月31日　ニューヨーク・ヤンキース戦
- **WHERE** エンゼル・スタジアム
- **SCENE** 5-2　5回裏　二死走者一、三塁（三塁走者大谷）

CHAPTER 1　2021 Real Two-Way Star

Walking me is useless
歩かせても無駄だぜ
投手20年ぶりのホームスチール

背景 BACKGROUND

　2021年8月後半、エンゼルスは主砲のマイク・トラウトに加え、アンソニー・レンドン、ジャスティン・アプトンと長距離打者が相次いで故障離脱しました。その結果、相手チームは大谷との真っ向勝負を避け、四球覚悟でのきわどいコース中心の配球や、敬遠策を多用するようになってきました。

　しかし、大谷の武器は長打力だけではありません。勝負してくれないなら、足でかき回す！　この試合でも大谷は4回に四球で出塁すると、ダブルスチールを成功させ、続くウォルシュの逆転3ランへと弾みをつけます。

　続く5回、1点リードで2アウト二、三塁の場面。ヤンキースはやはり大谷を敬遠します。続くゴセリンのタイムリーで2点を追加する間、大谷は快足を飛ばして一気に一塁から三塁を陥れます。走者一、三塁となり、バッターは先ほどホームランを放ったウォルシュです。

♥ WORDS & PHRASES IN LIVE

❶ **swing and miss**：「空振り」
❷ **delayed steal**：「ディレード・スチール」。
　スタートのタイミングをあえて遅らせ、キャッチャーが投球捕球後に敢行する盗塁。なお、**delayed** は「遅らせられた」の意味
❸ **attempt**：「試みること、企て」
❹ **the plate**：「ホームプレート、ホームベース」
❺ **Not in time**：「（送球が）間に合わない」→「アウトになって」

LIVE SHO-TIME! 12

The Angels got three in the fourth on the Walsh homer and two here in the fifth.

エンゼルスは4回にウォルシュのホームランで3点を取り、そしてこの5回に2点を追加しています。

　　投手ロドリゲスは打者ウォルシュを警戒し、間合いを取って投げる

❶Swing and miss.

空振り。

　　　　　　　　　　　ウォルシュは初球を空振り
　　　　　　　　ここで一塁ランナーのゴセリンが盗塁をしかける
　　　　　　　　続いて大谷もホームスチールを敢行

A ❷delayed double steal ❸attempt!

ディレード・ダブルスチールをしかけてきた！

　　　　　　　　送球が届く前にゴセリンは二塁へ到達
　　　　　　　　続いてショートがバックホーム

Throw to ❹the plate... is...

ホームへの送球……は……

❺Not in time!

セーフだ！

　　　　　　　大谷、両腕を大きく広げて「セーフ」をアピール

解説 EXPLANATION

　相手バッテリーは、先ほどホームランを打った好調ウォルシュを警戒し、投球に十分に間合いを取ります。初球、ウォルシュのバットは空を切ります。そして、相手捕手が投手にボールを返球する直前、先ほど2点タイムリーを打ったゴセリンが隙を突いてディレード・スチール（delayed steal）を敢行します。

　相手バッテリーが二塁に投げようかというタイミングで、なんと三塁走者の大谷もホームスチールをしかけます。虚を突かれたバッテリーは二塁へ投げるもゴセリンは余裕のセーフとなります。二塁への送球を受けたショートは、すかさずバックホームをします。大谷のスライディングVS相手キャッチャーのタッチは、大谷に軍配が上がり、メジャーリーグでは20年ぶりとなる「投手によるホームスチール」が成功します。セーフを確信した大谷は、両腕を大きく横に広げて「セーフ」のジェスチャーをします。not in time は「（送球が）間に合わない」という直訳から、「セーフ」の意味になります。逆に in time「（送球が）間に合って」は、アウトを意味する表現となります。

　名門ヤンキースを手玉に取ったトリックプレー。打たせてもらえなくても足がある、そして優れた野球脳による臨機応変な頭脳プレー。これもまた人々が大谷翔平に魅了される理由です。

♥ 日常で使えるイチオシ表現

in time：「間に合って」
We arrived just in time for the last train.
私たちはなんとか終電に間に合って到着しました。

♥ LIVE SHO-TIME のおさらい

Throw to the plate... is... Not in time!
ホームへの送球……は…… セーフだ！（＝送球が間に合わない）！

Dig for third
サードへ向かう

 STAGE

- **WHEN** 2021年9月25日　シアトル・マリナーズ戦
- **WHERE** エンゼル・スタジアム
- **SCENE** 3-1　3回裏　無死走者一塁（打者大谷）

The king of triples is a pitcher!?
三塁打王が投手!?
珍しい2打席連続タイムリー三塁打

背景 BACKGROUND

　9月下旬、2021年シーズンも終わりに近づいています。エンゼルスは優勝争いからすでに脱落。大谷も打撃の調子を落としていったことに加え、相手チームに警戒されてなかなか甘い球を投げてもらえなくなり、ホームランのペースも落ちていきます。残念ながら日本人初のホームラン王は難しくなってきました。それでも大谷はチームの勝利に貢献するために、いつも元気いっぱいの全力プレー。ホームランは出なくても、足を使った盗塁や二塁打、三塁打でファンを魅了し続けます。

　エンゼルス首脳陣は来季を見据えて積極的に若手を起用、1番打者には大谷を兄のように慕うブランドン・マーシュが定着します。大谷は初回の第1打席、一塁にマーシュを置いてタイムリー三塁打を放ちます。これでシーズン6本目の三塁打、ある意味ホームラン王より希少価値の高い、リーグ最多三塁打が狙える位置につけました。そして2回、再び「一塁走者マーシュ」という、初回と全く同じ状況で大谷は第2打席を迎えます。

♥WORDS & PHRASES IN LIVE

❶ **the corner**：「（外野の一番深い部分に相当する）壁際、グラウンド奥」

❷ **triple**：「スリーベースヒット、三塁打」

❸ **dig for third**：「サードへ向かって全力疾走する」

LIVE SHO-TIME! 13

フルカウントからの投球を大谷が打つ
打球は鋭いライナーとなってライト線へ

Ohtani, it's fair!

オオタニ、フェアだ！

Back into ❶the corner.

グラウンドの奥まで転がっているぞ。

Is Brandon Marsh going to score again?

またブランドン・マーシュが得点するのか？

マーシュは長髪をなびかせて全力疾走

Is Ohtani going to get another ❷triple?

またオオタニはスリーベースか？

大谷も大きなストライドでサードに向かって激走

He's ❸digging for third!

サードへ向かった！

To throw to third... He's safe!

送球はサードへ……セーフ！

送球がかえってくるも、大谷は余裕のスリーベース

フルカウントからの内角球を大谷が引っ張ると、打球は鋭いライナーでライト線ギリギリへ落ち、フェアとなります。大谷の打球はあっというまに the corner つまり、外野フェンス隅の一番深い部分へと到達します。三塁打を狙うには絶好の打球方向です。一塁走者マーシュは二塁、三塁を回ってホームまで疾走、この光景は完全に初回と同じ、まるでデジャヴです。

マーシュがホームインするころ、大谷は二塁を回ってさらにスピードを上げ、三塁を目指します。"digging for third."の dig は元来「掘る」の意味で、転じて「一生懸命に取り組む」の意味でも使われます。つまり dig for third は「三塁を求めて全力を尽くす」から、「三塁へ全力疾走する」という意味になります。ベースボール実況では、走者が次の塁を懸命に目指すときに、この dig for が使われることがあります。

なお、「スリーベース」は和製英語で、英語では triple です。初回の triple は間一髪のセーフでしたが、このシーズン7本目は余裕のセーフ。観客も大興奮です。メジャーリーグでは、ホームラン打者でありながら三塁打を量産する選手は希少です。大谷はシーズン終了までにもう1本三塁打を追加し、超レアな「投手のリーグ三塁打王」が誕生したのでした。これも頭がバグりますね。

日常で使えるイチオシ表現

Is A going to〜?:「Aは〜するのだろうか?」
Is it going to clear up tomorrow? 明日は晴れるだろうか?
Is she going to arrive in time? 彼女は間に合って到着するのでしょうか?

LIVE SHO-TIME のおさらい

Is Brandon Marsh going to score again?
またブランドン・マーシュが得点するのか?

SHO-TIME 14

Go yard
ホームランだ

 STAGE

- **WHEN** 2021年9月26日　シアトル・マリナーズ戦
- **WHERE** エンゼル・スタジアム
- **SCENE** 1－0　7回表　一死無走者

CHAPTER 1　2021 Real Two-Way Star

Allow a home run at the crucial moment

痛恨の被弾
10勝10本塁打目前で足踏み

BACKGROUND

　9月3日に9勝目をマークし、神様ベーブ・ルース以来の10勝10本塁打に王手をかけた大谷ですが、その後2試合足踏みが続きます。シーズン最後の登板かもしれないこのマリナーズ戦、なんとしても悲願を達成したいところです。

　エンゼルスは2回にスズキのソロホームランで1点を先制しますが、その後は追加点が奪えません。いっぽう、大谷は6回まで被安打わずか4で8奪三振と、マリナーズ打線を完璧に抑えます。しかし、マリナーズ打線は初回から待球作戦をとっており、6回を投げ終わったところで大谷の投球数は98にも達していました。投球数から降板もありうる場面ですが、救援陣に弱点を抱えるエンゼルスは大谷に続投させます。ここは何がなんでも無失点で切り抜けるしかありません。

♥ WORDS & PHRASES IN LIVE

❶ **deep**：「(打球が)遠くへ、伸びて」
❷ **tied**：**tie**「同点にする」の過去分詞
❸ **way beyond~**：「~をはるかに越えて」
❹ **the wall**：「フェンス」。53、55ページ参照
❺ **go yard**：「ホームランを打つ」
❻ **right back where we started**：「ちょうど始まったところに戻って」→「振り出しに戻って」

 LIVE SHO-TIME! 14

大谷がこの日の105球目を打者ケルニックに投じる
高めに甘く入ったスライダーをケルニックがとらえる

Swinging a hard hit! ❶Deep out to right!

強い当たりを放ったぞ！　ライトへ伸びているぞ！

打球は黄色のライン（越えればホームラン）の
はるか上の観客席へ

And with this, this game is ❷tied.

これで、試合は同点です。

❸Way beyond ❹the big wall, Jarred Kelenic ❺going yard off of Ohtani.

高いフェンスを悠々と越えていきました。ジャレッド・ケルニックがオオタニからホームランを打ちました。

早足でベースを1周するケルニック
エンゼルスファンが詰めかけた球場はため息に包まれる

And this game is ❻right back where we started.

そして試合はちょうど振り出しに戻りました。

大谷はたんたんと振る舞い、気持ちを切り替えようとしている様子

 **EXPLANATION**

　ワンアウト後、7番ケルニックに大谷が投じたスライダーは高めに浮き、ジャストミートされます。打球はライト方向に伸びていき、フェンスのはるか上（way beyond）のスタンドで跳ねます。痛恨の同点被弾です。ここでは「ホームランを打つ」を表す表現として go yard. が使われています。これは「打球が庭（＝グラウンド）を出てしまう」ことから転じた表現。

　それでも大谷は次打者をゴロで打ち取ると、最後の力を振り絞って、バウアーズをこの日最速の時速99マイルのストレートで三振にしとめてガッツポーズ、観客がスタンディングオベーションで大谷を讃えます。

　その直後、自らの失点を取り戻すべく、大谷はベンチでバットを握って打順が回ってくるのを待ちます。しかし願いもむなしく、9番フレッチャーが打ち取られてこの回無得点に終わりました。試合後、エンゼルス首脳陣から大谷は今季もう投げないことが発表され、10勝10本塁打の偉業は来年以降に持ち越しとなりました。

　勝利投手の権利を失った瞬間、悔しさのあまりバットを何度も床に叩きつける大谷の姿がテレビで放映されました。普段の紳士的な振る舞いからは信じがたい行動ですが、この闘争心あふれる姿こそ真の大谷です。2022年はさらに進化した二刀流の姿が見られるはずです。

♥日常で使えるイチオシ表現

back where we started：「振り出しに戻って」
After all the discussions, we're back where we started.
すべての議論のあと、結局振り出しに戻ってしまった。

♥LIVE SHO-TIME のおさらい

And this game is right back where we started.
そして試合は振り出しに戻りました。

COLUMN 3

MVP congratulations from Trouty (Mike Trout)
トラ兄（マイク・トラウト）からのMVP祝福

WORDS & PHRASES

① **It's (=It has) been something special to** 動詞の原形：「～することには特別な思いがある」
② **witness~**：「～を目撃する」
③ **accomplish~**：「～を成し遂げる」
④ **put together~**：「～を組み立てる、作り上げる」
⑤ **well deserved**：「本当にそれにふさわしい」
⑥ **at times**：「ときどき」　⑦ **steal a base**：「盗塁する」

　2021年11月18日、メジャーリーグの最優秀選手（MVP）が発表され、アメリカン・リーグは「投打二刀流」で歴史的な活躍を見せたエンゼルスの大谷翔平が初受賞しました。受賞直後、エンゼルスのチームメートであるマイク・トラウトは自身のX（旧 Twitter）に次の投稿をして最大級の賛辞を贈ります。

@MikeTrout
　①It's been something special to ②witness what you've ③accomplished as a teammate. You have ④put together a season of your own...
　⑤WELL DESERVED, #SHOTIME!!! #MVP

@マイク・トラウト
　君がチームメートとして成し遂げたことを目の当たりにするのは特別な体験だったよ。君は君にしかできないシーズンを作り上げたんだ……
本当にふさわしい、＃ＳＨＯＴＩＭＥ！！！　＃ＭＶＰ

マイク・トラウトはエンゼルスのスター選手で、2023年終了時点でリーグMVPを3度も受賞しています。2023年のワールド・ベースボール・クラシック（WBC）で、アメリカチームの最後の打者として大谷と対戦したシーン（COLUMN 7参照）は、記憶に新しいですね。

　トラウトは2018年の大谷のエンゼルス入団以来、ずっと兄貴分として大谷を見守ってきた最も頼れる存在です。残念ながらこの2021年は5月にふくらはぎを傷め、それ以降の試合をすべて欠場することになり、悔しいシーズンとなりました。連日の大谷の活躍を複雑な思いで見ていたことでしょう。

　それでも、謙虚な彼は大谷のすごさを素直に認め、ことあるごとに賛辞を呈します。大谷のMVP受賞後のあるインタビューで、トラウトは大谷について次のように語っています。

> ⑥**At times, I felt like I was back in Little League. To watch a player throw eight innings, hit a home run, ⑦steal a base and then go play right field was incredible.**
>
> ときおり、自分がリトルリーグに戻ったような気持ちになるんだよ。8イニング投げてホームランを打ち、盗塁してその後ライトを守る選手を見るのは本当に驚異的だ。

　大谷を一番近くで見てきたからこそ、そしてメジャーリーグベースボールのレベルの高さを最もよく知っているからこそ発せられたその言葉には、やはり重みがありますね。

日常で使えるイチオシ表現

It's been something special to 動詞の原形
「〜することは特別な体験だった」

特別な体験で味わった興奮や感動を伝えよう

It's been something special to visit the island.
その島を訪れることは特別な体験だった。

特別付録 メジャーリーグ観戦キーワード

覚えておけばメジャーリーグの試合を英語実況放送で楽しめるキーワード集。

投手大谷編

well located （投球が）いいコースに決まった

into the dirt （投球が）ワンバウンドになって

paint the corner （投球が）コーナーギリギリに決まる

in the zone = in there （投球が）ストライクゾーンに入って

walk フォアボールで歩かせる

hit-by-pitch デッドボール

got him = struck him out 三振に打ち取った

got him swinging / looking 空振り/見逃し三振に取った

four seam fastball (four-seamer) フォーシーム（＝ストレート）。大谷は序盤は時速90マイル中盤のフォーシームでかわしていき、ピンチや終盤になると時速100マイル付近を連発する

sweeper スイーパー。大谷が多投する大きく曲がるスライダー

breaking ball = curveball カーブ

splitter = split fingered fastball スプリット。鋭く落ち、球界で最も打ちにくいとされる

two seam fastball=sinker ツーシーム（シンカー）。大谷が2022年後半から投げるようになった新しい変化球

cutter カットボール。大谷の持ち球の1つ。特にカウント稼ぎで使われる

nasty （変化球が）えげつない、キレがいい

in time （送球が間に合って）アウトになって

not in time セーフになって

make the catch 捕球する

make the play アウトにする

QS (= quality start) クオリティスタート。先発選手が6回以上を3失点以内に抑えること。先発投手の安定度を示す指標としてメジャーでは重要視される

ERA (= Earned Run Average) 防御率。9回当たりの失点率。メジャーでは、勝利数よりもERAやQS率などの投球内容のほうが重視される

CHAPTER 2
2022
Legendary Unicorn
伝説のユニコーン

SHO-TIME 15

That one doesn't stand a chance to stick around
この打球は、のんびりしてる暇さえないぞ

場面 STAGE

- **WHEN** 2022年4月15日　テキサス・レンジャーズ戦
- **WHERE** グローブライフ・フィールド
- **SCENE** 3-6　5回表　一死一塁

CHAPTER 2　2022 Legendary Unicorn

Home run that blows away worry

不安払拭アーチ

記念日に8試合目で待望の1発、そしてもう1発

 **BACKGROUND**

　二刀流フル出場実質2年目、大谷の真価が問われる2022年のシーズンが始まりました。しかし、打者大谷のバットは開幕以来沈黙を続け、7試合を消化していまだホームランがありません。昨季後半から続く不振に、打者としての限界を案じる声も上がりはじめました。

　4月15日は恒例の"ジャッキー・ロビンソン・デー"です。近代ベースボールで初の黒人メジャーリーガーとなったロビンソン氏の功績を讃えて、全員が氏の生誕日に現役時代の背番号42を身に着けて試合に出場します。1番ＤＨで出場した大谷は開始直後の初球を右中間スタンドに打ち込みます。8試合目でようやく飛び出したシーズン第1号は、記念試合の開幕を華々しく飾りました。

　5回、エンゼルス3点ビハインドで迎えた走者一塁で"背番号42"大谷が再び打席に入ります。

♥ WORDS & PHRASES IN LIVE

❶ **send one to~**：「打球を~まで送り届ける、飛ばす」
❷ **do not stand a chance to stick around**：「のんびりしている暇はない」
❸ **the Halos**：「ヘイローズ」。エンゼルスの愛称。35ページ参照
❹ **right back**：「戻ってきて」→「点差を詰めて」

LIVE SHO-TIME! 15

大谷が2球目のカットボールをとらえ、直後に確信のバットフリップ

Ohtani ①sends another one out to right field.

オオタニ、ライトの外にもう1発いったぞ。

打球はピンポン玉のようにライトスタンドめがけて突き進む

That one ②doesn't stand a chance to stick around!

この打球は、のんびりしてる暇さえないぞ！

相手野手も全員直立不動で打球の行方を見守るだけ

Two-run shot. Second of the night for Shohei.

ツーランホーマーです。ショウヘイ、今夜2発目です。

大谷、安堵の表情でゆったりとベースを1周

And ③the Halos are ④right back in this one.

そして、この1発でエンゼルスは点差を詰めてきました。

Wow! Shohei.

ワオ！　ショウヘイ。

EXPLANATION

　この打席、大谷は2球目の内角高めカットボールを豪快に振り抜きます。打球はあっというまにライトスタンドに突き刺さる、これぞ「ザ・ホームラン」というような気持ちのいい当たりでした。

"sends another one to right field"は、「ライトの外（＝ライトスタンド）へもう1本送り届ける」が直訳です。send A to B「AをBに送る」から、ベースボールでは send one to ～で、「～まで打球を飛ばす」という意味で使われます。"That one doesn't stand a chance to stick around!"のThat oneとはまさに今大谷が放った打球を指し、stand a chance to ～は「～するチャンスがある」という意味です。また、stick aroundは「ぶらつく」「のんびりする」という意味で使われるイディオムです。つまり、アナウンス全体の直訳は「この打球はのんびりさせてくれるチャンスもない」となります。大谷の打球があっというまにスタンドに飛び込んだ様子がわかりますね。

right back は「今まさに復活して」が直訳ですがここでは「点差を詰めて」の意味を表します。大谷のホームランで勢いをつけたエンゼルスは、この回一挙5点の猛攻を見せ、最終的に9対6で試合に勝利します。「今年も大谷はやれそうだ！」とファンも安堵の記念日2ホーマーでした。

💙 日常で使えるイチオシ表現

stick around：「のんびりする」
Today, I'll stick around and read some books.
今日は、のんびりして本でも読むよ。
She decided to stick around and relax. 彼女はのんびりしてリラックスすると決めた。

💙 LIVE SHO-TIME のおさらい

That one doesn't stand a chance to stick around!
この打球は、のんびりしてる暇さえないぞ！

SHO-TIME 16

Nasty split!
エグいスプリットだ！

場面 STAGE

- **WHEN** 2022年4月20日　ヒューストン・アストロズ戦
- **WHERE** ミニッツメイド・パーク
- **SCENE** 6−0　3回表　一死走者なし（投手大谷）

First victory with nasty off-speed pitches

キレッキレ変化球で初勝利
5回までパーフェクトの2022初勝利は珍記録付き

背景 BACKGROUND

　2022年、開幕投手を託された大谷ですが、打線の援護なく敗戦投手となります。続く2度目の先発登板も2回満塁アーチを被弾し、4回持たず6失点KOで2連敗、防御率は7.56まで跳ね上がります。大谷は特に変化球のコントロールに苦しみ、走者をためて甘く入った球を痛打される場面が何度かありました。打者大谷のほうも低調な出だしとなっていたため、ファンからの大谷に対する失望の声は日に日に強くなっていました。

　3回目の登板は開幕試合同様、強豪アストロズ戦です。おいそれと抑えられる相手ではありません。昨年も、ベーブ・ルース以来の10勝10本塁打がかかった試合で、大谷はこのアストロズ打線に打ち込まれ、序盤でKOされています。制球難を改善し、せめて失点を最小限に抑えるような投球を期待したいところです。

♥WORDS & PHRASES IN LIVE

❶ **got him**：「打ち取った、三振にしとめた」
❷ **nasty**：「(変化球の)キレがいい、エグい」
❸ **split**：「スプリット・フィンガード・ファストボール」
　（＝**splitter**）。88ページ参照
❹ **straight down**：「(身体がぶれずに)まっすぐ投げ下ろして」
❺ **frustrated**：「イライラした、ストレスを感じた」

LIVE SHO-TIME! 16

One-two.
ワンボール、ツーストライク。
　　　大谷がストライクゾーンギリギリに投げたスプリットが鋭く落ちる!
　　　　　　　　　　　　　　　打者カストロは空振り三振!

①Got him!
三振!
　　　　　　　　　　　大谷は、してやったりとグラブを叩く

Five strikeouts for Shohei Ohtani.
ショウヘイ・オオタニ、5つ目の奪三振だ。

That's a ②nasty ③split!
これはエグいスプリットですね!
　　　　リプレイが映し出され、CCは改めてスプリットのキレに驚嘆

Wow, was that a nasty one?
うわぁ、これ本当にエグい球じゃないですか?

His balance is excellent. ④Straight down.
彼のバランスは素晴らしいですね。ブレずに投げ下ろしています。

That's a ⑤frustrated swing by Jason Castro.
ジェイソン・カストロもストレスのたまるスイングでしたね。

EXPLANATION

　この試合は初回から珍記録が生まれます。先頭の大谷が四球で出塁すると、その後安打→四球→四球→安打でエンゼルスはいきなり2点を先取します。打者一巡し、満塁となって再びトップの大谷に回ります。「先発投手が1球も投げずに2回打席に立つ」という珍記録が生まれた瞬間です。ここで大谷はレフトフェンス直撃の二塁打で自援護し、試合は6対0となります。

　大量リードに気をよくした大谷は、初回から相手打線を手玉に取ります。初回、2回を3奪三振で完璧に抑えると、3回も先頭打者をキレのよいスライダーで三振にとります。続く8番カストロも2ストライクまで追い込むと、時速90マイルのスプリットをストライクゾーンからボールゾーンに鋭く落としていき、空振り三振を奪います。この1球はキレ、コースとも完璧で、CCも"That's a nasty split!"（これはエグいスプリットですね！）と思わずうなります。nastyは元来「いじわるな」という意味の形容詞で、変化球の場合は「キレがいい」という意味でよく用いられます。打者カストロもイライラが伝わるような（frustrated）スイングしかさせてもらえませんでした。大谷は結局、6回を投げ被安打1無失点の快投を披露しシーズン初勝利をあげました。何も心配することはなかったようです。

💙 日常で使えるイチオシ表現

frustrated：「イライラした」
Father came in the room with a frustrated attitude.
父はイライラした態度で部屋に入ってきた。

💙 LIVE SHO-TIME のおさらい

That's a frustrated swing by Jason Castro.
ジェイソン・カストロもストレスのたまるスイングでしたね。

SHO-TIME 17

Walk it off!
サヨナラ勝利だ!

場面 STAGE

- **WHEN** 2022年5月8日　ワシントン・ナショナルズ戦
- **WHERE** エンゼル・スタジアム
- **SCENE** 4-4　9回裏　二死二塁（走者大谷）

Game-tying double followed by a walk-off home run

同点二塁打→サヨナラ生還

土壇場で同点2点二塁打からのサヨナラ生還

 BACKGROUND

　5月に入っても大谷の打撃はなかなか調子が上がらず、この試合の前まで打率.234の低調ぶり。いまだに本拠地エンゼル・スタジアムではホームランがなく、ファンをやきもきさせます。この試合は相手ナショナルズが主導権を握ります。相手は3回に先制すると6回には2点を追加、エンゼルスもその裏に2点を返すも、7回に再びナショナルズが1点を入れ、2対4のまま最終回を迎えます。一死後、レンヒーフォの四球、ウォードの安打で一、三塁としますが主砲トラウトが三振に倒れます。

　しかし、次に打席に立った大谷が2球目をとらえると打球は鋭いライナーとなって伸び、あわやホームランというフェンス直撃の2点タイムリーツーベース。起死回生の同点打にファンは沸きます。さあ、二塁の大谷が生還すれば、奇跡の逆転サヨナラ勝ちです。

♥ WORDS & PHRASES IN LIVE

❶ **drive**：「（しっかりと）〜を打つ」。101ページ参照
❷ **be being sent**：「〜へ進塁する指示を与えられている」
❸ **Phil Nevin**：「フィル・ネビン」。コーチ名。のちのエンゼルス監督
❹ **plate**：「ホームプレート、ホームベース」
❺ **walk it off**：「サヨナラ勝ちをする」。なお、**walk-off** は名詞で「サヨナラ勝利」、形容詞で「サヨナラの」の意味。
　例　**a walk-off home run**「サヨナラホームラン」

LIVE SHO-TIME! 17

投手レイニーが2球目を投げる
レンドンはセンターやや左にはじき返す

Rendon ①drives that one to center!

レンドン、センター前だ！

センターが捕球するころ、すでに大谷は三塁手前まで来ている

Shohei Ohtani ②is being sent by ③Phil Nevin!

フィル・ネビンがショウヘイ・オオタニにゴーサインを出している！

大谷は三塁を蹴って加速しホームへ

The throw to ④plate!

ボールはホームにかえってくるぞ！

Ohtani is... He's safe!

オオタニは……セーフだ！

大谷は足からスライディング、捕手のタッチより早くホームに触れる

The Angels ⑤walk it off and win the series!

エンゼルスがサヨナラだ、このシリーズも勝ち越しました！

殊勲打のレンドンをチームメート全員が祝福する

 **EXPLANATION**

　サヨナラのランナー大谷を二塁に置き、チャンスに強い4番レンドンが打席に入ります。レンドンは2球目をとらえ、打球はライナーとなってセンター前に落ちます。この場合 drive は「ライナーまたはフライ性の強い打球を打つ」ことを指します。日本語でも「バットに乗せる」という表現がありますがまさにそれです。

　センターほぼ正面の打球で、二塁の大谷がホームにかえるかは微妙でしたが、コーチのネビン（のちの同球団監督）は手を回しゴーサインを出します。"Shohei Ohtani is being sent〜" の sent の原形 send はこの場合「打者に次の塁に進む指示を出す」の意味で、be being sent「〜されている」という進行形の受動態が使われていることから、「大谷が進塁するように指示を与えられている」という状況です。

　捕球したセンターから plate（ホームベース）に好返球がかえってくるものの、大谷は快足を飛ばしてホームにスライディング。明らかなセーフとなり、エンゼルス奇跡の逆転サヨナラです。walk it off は「サヨナラ勝ちをする」を意味する表現で、「試合の勝敗が決し、選手も観客も球場を立ち去る」ことからきています。同点タイムリーからのサヨナラ生還、大谷復調への転機となりそうなゲームでした。

💙 日常で使えるイチオシ表現

be being 過去分詞：「〜されているところだ」

The new drug store is being built near our house.
わが家の近くに新しいドラッグストアが建てられているところだ（建設中だ）。

Our car is now being repaired.
私たちの車は今、修理しているところだ（修理中だ）。

💙 LIVE SHO-TIME のおさらい

Shohei Ohtani is being sent by Phil Nevin!
フィル・ネビンがショウヘイ・オオタニにゴーサインを出している！

SHO-TIME 18

Go back-to-back!
二者連続だ！

場面 STAGE

- **WHEN** 2022年5月9日　タンパベイ・レイズ戦
- **WHERE** エンゼル・スタジアム
- **SCENE** 5−1　6回裏　無死走者なし（打者大谷）

Go back-to-back with "Big Brother"
"兄貴"と連弾
前日のサヨナラでお目覚め！今季本拠地初アーチ

BACKGROUND

　前日（SHO-TIME 17）のサヨナラ勝利で沸くエンゼル・スタジアム。あとは大谷のバットにエンジンがかかってくれば完璧です。ここまでの4ホーマーはすべて敵地で、本拠地ファンは大谷のホームランを早く見たいとやきもきしています。

　この試合、エンゼルスは4回にレイズに1点を先制されますが、その裏、トラウトと大谷がヒットで出塁し、5番ウォルシュの3ランで一気に逆転します。そして6回、兄貴分のトラウトがレフトスタンドに目の覚めるようなホームランを打ち、球場は大歓声に包まれます。さあ、次打者は大谷です。「トラ兄」に続いて、今年からエンゼルスが導入した「カウボーイハット」を、大谷は笑顔でかぶることができるでしょうか？

▼WORDS & PHRASES IN LIVE

❶ **drive**：「（しっかりと）〜を打つ」。101ページ参照

❷ **look to〜**：「〜することを狙っている」

❸ **go back-to-back**：「連続して起こす」→「二者連続ホームランを放つ」

❹ **buddy**：「友人、盟友」

❺ **the Big A**：「ビッグA」。エンゼル・スタジアムの愛称

❻ **the cowboy hat**：「カウボーイハット」。2022年のエンゼルスはホームランを打った打者を出迎える際、このカウボーイハットをかぶせて祝福した。また、ホームランが出るたびに、そのカウボーイハットにステッカーを1枚貼り付けていた

LIVE SHO-TIME! 18

投手ピークスの投げたスライダーが真ん中に
大谷、左中間に打ち返す

Ohtani ①drives that one.

オオタニがとらえたぞ。

Is he ②looking to ③go back-to-back with his ④buddy Mike Trout? He is!

盟友マイク・トラウトに続いて2者連続を狙っているのか？
連続だ！

打球はエンゼル・スタジアム左中間に飛び込む"岩ムラン"

And that's his first home run here this year at ⑤the Big A.

これがオオタニのここビッグAでの今シーズン初ホーマーだ。

先にホームランを放ったトラウトもベンチで拳を突き上げて大喜び

Let's go have a party!

さあパーティーだ！

球場は2人のホームラン競演に大盛り上がり

Do we have enough stickers in store for ⑥the cowboy hat?

カウボーイハットに貼るステッカーの予備は足りるのか？

　トラウトのホームランの余韻冷めやらぬなか、大谷は初球スライダーを手元まで引きつけ、反対方向にdrive（打ち返す）します。

　実況が"Is he looking to go back-to-back～?"「彼は２者連続を狙っているのか？」と問いかけるやいなや、打球は左中間に飛び込み、"He is!"「実際狙ってたんだ！」と叫びます。go back-to-backは「二者連続ホームランを放つ」の意味で、もちろん観客の盛り上がりは最高潮に達します。そしてこのホームランは大谷の今シーズン本拠地 The Big A（エンゼル・スタジアム）での初アーチでした。エンゼル・スタジアムの外にある巨大な「A」字形の構造物は長い間この球場のシンボルとして親しまれており、そのことから球場自体を The Big A とも呼ぶようになりました。

　この試合は４回にウォルシュ、６回にトラウト、大谷とエンゼルス勢がホームラン攻勢をしかけてリードします。そのため PBP も "enough stickers in store for the cowboy hat"（カウボーイハットに貼るステッカーの十分な数の予備）について心配するようなジョークを飛ばしています。

　勢いをつけた大谷は７回にもメジャー初の「満塁ホームラン」を放ち、ついに"打谷"にもエンジンがかかってきました。

💙 日常で使えるイチオシ表現

in store：「予備が用意されて」

We have plenty of drinks in store for tonight's party.
今夜のパーティーにはたくさんのドリンクの予備が用意されています。

We keep extra batteries in store in case of emergency.
私たちは緊急時に備えて予備の電池を用意しています。

💙 LIVE SHO-TIME のおさらい

Do we have enough stickers in store for the cowboy hat?
カウボーイハットに貼るステッカーの予備は足りるのか？

COLUMN 4

Wasn't it "I don't have sink"?

"I don't have sink." だったんじゃ？

2022.6

Narration

Fastball grip.
ファストボールの握りを。

OK. How about splitter?
オーケーです。スプリットは？

All right. Slider.
いいですね。スライダーを。

How about the cutter?
ではカットボールは？

All right. Curveball.
いいですね。カーブを。

And sinker ball.
ではシンカーを。

Sink? I don't have sink. Haha!
シンカー？　僕はシンカーは持ってないです。ハハハ！

2022年6月、米誌タイムの公式X(旧Twitter)に、"Learn How to Pitch Like Shohei Ohtani in 43 Seconds"(43秒でショウヘイ・オオタニみたいに投げられる方法)というタイトルの動画が公開され、注目を集めました。

　この動画では、スーツ姿の大谷が5種類の持ち球の握りをしていきます。ファストボール(=フォーシーム)、スプリット、スライダー、カットボール、カーブと求められると、そのたびに、カメラに向かってボールの握りを見せています。

　そして最後に、シンカーの握りを要求されると、大谷は流ちょうな英語で"I don't have sink."(シンカーは持っていませんよ)と言い、笑顔を浮かべます。

　ところが、大谷はこのあと、シンカーを投げる練習を始め、わずか2カ月後の8月には試合で鋭いシンカーを投げる投手へ成長していました。器用すぎる！

2022.8

わずか2カ月後にはシンカーをマスター！

WORDS & PHRASES ：各球種の特長については88ページに掲載

SHO-TIME 19

Back in the saddle!
復活だ！

場面 STAGE

- **WHEN** 2022年6月9日　ボストン・レッドソックス戦
- **WHERE** エンゼル・スタジアム
- **SCENE** 0-1　5回裏　一死一塁（打者大谷）

CHAPTER 2　2022 Legendary Unicorn

Losing streak stopper
連敗ストッパー
悪夢の14連敗を投打の活躍でストップ

BACKGROUND

　2022年のエンゼルスは開幕から好調で、5月24日の時点で27勝17敗と、地区優勝が十分狙える位置につけていました。しかし、翌25日から投打の歯車がかみ合わなくなり、さらにはツキにも見放され続けて全く勝てなくなります。そして6月6日は0－1完封負け、7日は延長10回に勝ち越されて敗戦、さらに8日も0－1の完封負けと、ついに14連敗を喫してしまいます。

　9日、この泥沼を抜け出すためチームは先発大谷にすべてを託します。大谷は好投するものの、ついに5回表にレッドソックスに先取点を許してしまいます。その裏、走者一塁の場面で大谷が打席に立ちます。が、ここまで2打席2三振といいところがありません。15連敗の悪夢が再び頭をよぎります。

♥WORDS & PHRASES IN LIVE

❶ **help oneself**：「自援護する」
❷ **hit well**：「いい当たりだ」= **struck well**
❸ **have done it**：「（今まさに）やり遂げた」
❹ **back in the saddle**：「戻ってきて、復活して」
❺ **find the help**：「援護を得る、助けを得る」
❻ **the other way**：「逆方向に」
❼ **incredible**：「信じられない」

①Help yourself. Help the team.
自援護してくれ。チームを救ってくれ。

大谷、3球目のストレートを引きつけて左中間に

Drives that one. ②Hit well.
オオタニがとらえた。これは強い当たりだ。

打球はいつもの「岩」のところめがけて伸びていく

Shohei Ohtani... ③has done it!
ショウヘイ・オオタニが……やった！

He's ④back in the saddle!
戻ってきたぞ！

大谷、二塁を回ったところで拳を突き出してガッツポーズ

Two-one, Angels.
エンゼルス、2対1です。

Shohei, the home run. Two-run home run from ⑤finding the help he needed on a swing ⑥the other way, left center.
ショウヘイ、ホームランです。ほしかった援護を手に入れるツーラン、逆方向の左中間を狙ってのスイングで放ちました。

Sugoi! ⑦Incredible!
すごい！　信じられない！

 **EXPLANATION**

　大谷は相手投手ピベッタの投じた3球目、高めのストレートを引きつけて逆方向にしっかりとdrive（打ち返す）し、左中間に大飛球が上がります。実況は打球の行方を見守り、ホームランを確信した瞬間 "has done it!"（やったぞ！）と叫びます。今まさに貴重な仕事をやってのけたことを表す表現ですね。値千金の逆転ツーランです！　back in the saddle は「復活して」という意味を表すイディオムですが、この表現の直訳は「鞍（saddle）にまたがって」です。当時のエンゼルスがホームランを打った選手に「カウボーイハット」をかぶせていたことから、乗馬をイメージして、PBPはこの表現を使ったものと思われます。

　"Two-run home run from finding the help he needed on the swing the other way." は、「逆方向を意識したスイングで、欲していた援護を手に入れようとして生まれたツーランホームラン」が直訳です。「打者大谷」が自らのバットで「投手大谷」を救い、チームを久々の勝利に導きたいという思いがいかに強かったかをPBPは伝えようとしていますね。興奮のあまり、思わず日本語の "Sugoi!" も出てしまいました。

　6回にはベラスケスが3ランホームランを放ち、大谷を援護します。結局、大谷は7回を投げて勝利投手となり、投打にわたる活躍でチームを連敗脱出へ導きました。

💙 日常で使えるイチオシ表現

incredible：「信じられない」
You beat the last champion? Incredible!
前回のチャンピオンに勝ったんだって？　信じられない！

💙 LIVE SHO-TIME のおさらい

Sugoi! Incredible!
すごい！　信じられない！

It is in there!
入っている!

 STAGE

- **WHEN** 2022年6月22日　カンザスシティ・ロイヤルズ戦
- **WHERE** エンゼル・スタジアム
- **SCENE** 5－0　8回表　ロイヤルズ二死無走者（投手大谷）

Miraculous 24 hours
奇跡の24時間
打者として8打点の翌日に投手として13奪三振

BACKGROUND

　前日6月21日の試合、打者として9回の同点3ランを含む2本塁打、8打点と大暴れをした大谷。24時間も経たない翌日の試合に、今度は先発投手兼打者として出場します。

　大谷は初回、相手の1、2番にいきなり連打を浴び、無死一、二塁のピンチを迎えます。しかし、ギアを上げて後続を断つと、その後は1つ四球を与えた以外はパーフェクトピッチング！　試合は終盤にエンゼルス打線が爆発し、5-0とリードを広げ好投の大谷を援護します。大谷は、7回に2者を連続三振に切って取り、自己最多の12奪三振に並びます。続く8回も、先頭打者と次打者をあっさりとしとめ、8番リベラを迎えます。

♥ WORDS & PHRASES IN LIVE

❶ **Comming**：「さあくるぞ」

❷ **It is in there!**：「（ボールがストライクゾーンに）入っている」

❸ **a little baker's dozen**：「パン屋の1ダース」→「13個」。115ページ参照

❹ **dominant**：「支配的な」。投手が圧巻の投球をしているときに用いる

❺ **Patty O**：「パティオ」。CCパトリック・オニール氏の愛称

LIVE SHO-TIME! 20

0-2. ❶Coming.
カウントはノーツー。さあくるぞ。

大谷はこの日最後となる108球目を投げる
コーナーに鋭いスライダーが決まり、打者リベラは手が出ない

❷It is in there!
入っている!

大谷が右腕を突き出してガッツポーズ

A career high 13 strikeouts for Shohei Ohtani.
ショウヘイ・オオタニがキャリアハイの13奪三振だ。

大谷が意気揚々と自軍ベンチへ戻る
ファンはスタンディングオベーションで讃える

How about ❸a little baker's dozen, Shohei?
1ダースにおまけ1つだ、ショウヘイ?

Absolutely ❹dominant, ❺Patty O?
本当に支配的だったね、パティオ?

"It is in there!" は、「ボールがストライクゾーンに入っている」の意味で、投球が絶妙なコースに決まって打者を三振に打ち取ったときに用いられます。

打者リベラを追い込んだ大谷が投じたのは、外角高めのゾーン外から鋭く変化し、ストライクゾーンギリギリをかすめる時速86マイルスライダーでした。虚を突かれたリベラは、これに手が出ず見送り、審判からストライクがコールされます。大谷は自己記録の13奪三振でこの日の登板を締めくくりました。

a (little) baker's dozen（パン屋の1ダース）とは「13個」を表す口語で、かつてパン屋さんが12個のパンの発注を受けた際にもう1つサービスする習慣があったことが語源とされています。

相手に付け入る隙を与えない圧巻の投球は、まさしく dominant（圧倒的）というにふさわしいものでした。

なお、打者として8打点を挙げた選手が、翌日先発登板して13奪三振を成しとげるのはもちろんメジャー史上初のこと。これぞ「奇跡の24時間」です。「投手大谷」はこれで3連勝、ますますエンジンがかかってきました。

日常で使えるイチオシ表現

absolutely：「本当に、すごく」

Your performance is absolutely fantastic!
君の仕事は、本当に素晴らしかったよ。

She was absolutely beautiful in that dress.
あのドレスを着た彼女は本当に美しかったよ。

LIVE SHO-TIME のおさらい

Absolutely dominant, Patty O?
本当に支配的だったね、パティオ？

SHO-TIME 21

Help yourself out
自援護だ

 STAGE

- **WHEN** 2022年7月13日　ヒューストン・アストロズ戦
- **WHERE** エンゼル・スタジアム
- **SCENE** 1-0　2回裏　二死一、二塁（打者大谷）

Triple that helps himself

自援護三塁打
前半戦最終登板。自らの2点打で10勝王手

BACKGROUND

　投手自らタイムリーヒットなどを打って自身を助けることを俗に「自援護」といいます。メジャーリーグでは2022年以降ルールが変わり、二刀流でない投手は打席に立つ機会がほぼなくなりました。つまり、現在のメジャーリーグで自援護ができるのは、もはや大谷しかいません。しかも、リーグ上位の長打力を持つ大谷レベルの自援護は、今後二刀流選手が現れたとしても金輪際見られない可能性すらあります。

　この試合、大谷は相手強力打線を初回、2回と無得点に抑えます。そしてエンゼルスは2回裏、レフトのマーシュのタイムリーで1点先制し、なおも走者一、二塁のチャンスに大谷が打席に入ります。

♥WORDS & PHRASES IN LIVE

❶ **down the right field line**:「ライト線沿いに」
❷ **help oneself**:「自分の身を自分で助ける」→「(投手が)自援護をする」
❸ **a big fella**:「すごいヤツ」(**fella=fellow**)
❹ **run**:「得点」
❺ **dig for~**:「～へ向かって全力で進む」。81ページ参照
❻ **two-run triple**:「2点タイムリースリーベース」。なお、「2点タイムリーツーベース」は**two-run double**
❼ **Come on!**:「冗談でしょう!」

投手ハビアーは内角に時速96マイルのフォーシームを投げる
大谷は腕をたたんでフェアグラウンドに鋭い打球を打ち返す
打球はライト線ギリギリに落ち、ポール際まで転がっていく

Ohtani drives that ①down the right field line.

オオタニがライト線に運んだぞ。

②Help yourself out, ③a big fella!

見事な自援護だ、君はすごい男だ!

One ④run comes in. Stassi scores.

1点追加。スタッシがかえってきます。

大谷は猛スピードで二塁を蹴って三塁へ

Ohtani ⑤digging for third. A ⑥two-run triple. Marsh scores.

オオタニは三塁に向かっている。2点タイムリースリーベースだ。マーシュもかえってきます。

大谷は余裕でスライディングし三塁セーフ

Two-nothing, Halos. ⑦Come on!

エンゼルス2-0だ。マジかよ!

EXPLANATION

　相手アストロズの先発は好投手ハビアーです。

　大量点が見込めない相手だけにチャンスを確実にものにしたいところ。

　大谷が3球目を見事にはじき返す(drive)と、打球は猛スピードでライトポール際(down the right field line)に到達します。ＰＢＰはその様子に思わず"Help yourself out, a big fella!"(貴重な自援護だ。君はすごい男だ！)と叫びます。Help oneself は「投手が自らのバットで得点をたたき出す」、つまり「自援護をする」ことを表します。これに out を加えることで、単なる help oneself よりも、「大変な状況から自らを救い出した」という意味合いが強くなります。強敵アストロズ相手の戦いはそれだけタフだということですね。

　digging for third(サードへ向かう)は SHO-TIME 13で既出ですが、登板中の投手が疲労を考慮せず、三塁まで激走すること自体珍しいことです。まさに、"Come on!"(マジかよ！)と言いたくなりますね。

　大谷は激走の影響もなく、6回を12奪三振の快投、9勝目をあげ、前半戦で早くも悲願の2桁勝利に王手をかけます。

🔻日常で使えるイチオシ表現

Come on!：「冗談だろ！マジかよ！」

A: I finished my homework in just two days.
私、宿題をたった2日で終わらせたの。

B: Come on! マジかよ！

🔻LIVE SHO-TIME のおさらい

Two-nothing, Halos. Come on!
エンゼルス2－0だ。マジかよ！

COLUMN 5

July 20, 2022:
Won the ESPY Award!
2022年7月20日 ── ESPY賞受賞!

WORDS & PHRASES

① **nominee**:「ノミネートされた人」
② **honor**:「名誉、光栄」
③ **the best at what you do**:「あなたが携わっている分野で最も優れた人物」
④ **afterparty**:「(イベントの後の)アフターパーティー」

HOST **AND ESPY goes to... Shohei Ohtani!**
そしてESPYを受賞するのは……ショウヘイ・オオタニ!
事前収録された大谷のスピーチ映像が会場のスクリーンに映し出される

Congratulations to my fellow ①nominees.
私と共にノミネートされた皆様おめでとうございます。

It's an ②honor to be in the same category as all of you.
皆様の一員に指名していただき誠に光栄の至りです。

You are ③the best at what you do.
皆様は、それぞれの分野において最高のアスリートです。

Thank you again.
改めて感謝いたします。

> **Have a wonderful everything.**
> 今日のこの場のすべてをお楽しみください。
>
> **And enjoy ④afterparties.**
> もちろんアフターパーティーも引き続き楽しんでくださいね。
>
> 会場からは笑い

　ESPY賞は、アメリカ合衆国のすべてのスポーツのなかから1年間で最も活躍したアスリートに贈られる賞です。過去の受賞者はマイケル・ジョーダン、タイガー・ウッズらそうそうたるメンバーです。本来、この授賞式にはノミネート者全員が出席し、受賞者発表後に受賞者がその場でスピーチをするのが慣例です。しかし、大谷選手はノミネートされたにもかかわらず、練習が忙しいという理由で不参加でした。そのため、大谷選手は事前に収録されたノミネート時の英語スピーチ録画で登場しています。つまり、このスピーチは受賞コメントでなく、ノミネートされたことに対する感想です。

　このスピーチではまず、自分がノミネートされた喜びよりも、ほかのノミネート者に対し"Congratulations～"とお祝いの言葉を述べています。"It's an honor to be in the same category as all of you."は、直訳すると「あなた方全員と同じグループに入れてもらえて光栄だ」の意味で、謙虚な姿勢に好感が持てます。そしてそのあと、"You are the best at what you do."は、「あなた方は自分のしているスポーツが最高に上手です」と伝えたところで、野球以外のスポーツに対する敬意も示していますね。

　最後の"And enjoy afterparties."は「(この式のあとの)アフターパーティーも楽しんでくださいね。」という意味で、「今日は心ゆくまで楽しんでくださいね。」と、場の雰囲気を盛り上げる素敵な締め方でした。

Track! Wall!
打球は伸びる! 伸びる!

場面 STAGE

- **WHEN** 2022年7月22日　アトランタ・ブレーブス戦
- **WHERE** トゥルイスト・パーク
- **SCENE** 0-0　7回裏　無死一塁（投手大谷）

From brilliant pitching to Hell
快投一転奈落の底
10勝ならず！支配的投球からの一挙6失点

BACKGROUND

　2年連続でオールスター戦出場を果たした大谷は、明けの後半戦初戦の先発投手を務めます。ここまで6連勝ですでに9勝をあげており、念願の10勝まであと1つ。相手のブレーブスは前年度のワールドチャンピオンです。大谷はこの難敵を相手に6回まで被安打1、11奪三振で無失点という神ピッチングを披露します。しかし、エンゼルスも点が取れず、0-0のまま7回裏を迎えます。ところが、この回から大谷の球が高めに浮きはじめ、先頭スワンソンを四球で歩かせてしまいます。実はこの試合、雨により開始が55分遅延していました。大谷は調整のための投球練習を複数回行なわざるをえず、試合中の球数以上の疲れがあったのかもしれません。ここで迎えるのは主砲オルソン、ここまでの対戦成績は13打数1安打と大谷が圧倒していますが……。

♥ WORDS & PHRASES IN LIVE

❶ **high in the air**：「（大飛球が）高く舞い上がって」

❷ **Track! Wall!**：「（打球は）トラックからフェンスへ伸びて」
グラウンドの外野部分はフェンスの接近を外野手に伝える **warning track** と呼ばれる硬い地面から **wall**（フェンス）へと続く。つまり、「打球はトラックから、さらにフェンスへ向かって伸びている」が **"Track! Wall!"** の直訳。

❸ **come through with~**：「～の成果を出す、～で期待に応える」

❹ **cranked**：「強打されて」

 LIVE SHO-TIME! 22

 One strike for Matt Olson.

マット・オルソン、ワンストライクです。

大谷の投げたスプリットは高めに浮き、落ちきらない
待ち構えていたオルソンがこれを強振、ライトに大飛球が上がる

Swing ❶high in the air! Deep right field.

打球は高く上がったぞ！　ライトに伸びている。

打球はそのままライトスタンドへ。ブレーブスファンからは大歓声が上がる

❷Track! Wall! And the Braves lead!

打球はトラックへ！　フェンスへ！　ブレーブスがリードだ！

A man with the most experience against Ohtani ❸comes through with the big two-run home run and the Braves have taken a two-nothing lead.

オオタニを最もよく知る男が、大きなツーランホーマーで応えました。そして、ブレーブスが2対0でリードです。

大谷はこのあと3連打でさらに1点を失う
なおも走者一二塁のピンチで、大谷の投じた初球をアルシアがジャストミート

Fly ball. Well hit! That ball is ❹cranked toward left.
That ball is deep. That ball is gone!

打ち上げた。いい当たりだ！　打球はレフトへの強い当たりだ。
打球は伸びている。打球は入った！

　大谷がオルソンに投じた2球目のスプリットは高めに中途半端に浮き、絶好のホームランボールとなってしまいます。これをオルソンは見逃さず強振し、高い弾道の飛球がライトポール際に舞い上がります。このとき、PBPは"Track! Wall!"「（打球は）トラックへ！ フェンスへ！」と打球がスタンドに向かって伸びている様子を伝えます。痛い先制ツーランとなりました。

　"A man with the most experience against Ohtani"は「対大谷の経験を最も多く持つ男」が直訳です。オルソンは前年度まで大谷と同じア・リーグの球団に所属しており対戦シーンがチーム内で最も多く、大事な場面でその経験を活かせたといえます。

　気落ちした大谷は、このあと3連打を食らい、そしてアルシアには初球を強打され（cranked）、トドメとなる3ランホームランを被弾します。まさかの一挙6失点です。

　快投から一転、地獄の底に突き落とされた大谷。ベーブ・ルースに並ぶ10勝10本塁打はお預けです。焦燥しきった表情でマウンドを後にする大谷の顔は、これまでに見たことがないほどのものでした。

日常で使えるイチオシ表現

come through with~：「～の成果を出す」
Despite the challenges, she always comes through with excellent results.
困難にもかかわらず、彼女はいつも素晴らしい結果を出してくれます。

LIVE SHO-TIME のおさらい

A man with the most experience against Ohtani comes through with the big two-run home run.
オオタニを最もよく知る男が、大きなツーランホーマーで応えました。

Just like that
いとも簡単に

 STAGE

- **WHEN** 2022年8月9日　オークランド・アスレチックス戦
- **WHERE** オークランド・コロシアム
- **SCENE** 1-0　3回裏　一死三塁（投手大谷）

Finally ties Ruth

ついにルースに並ぶ
4度目の正直! 悲願の10勝、10本塁打

 **BACKGROUND**

　大谷は前半戦で早くもベーブ・ルース以来の「シーズン10勝、10本塁打」に王手をかけながら、7月22日のブレーブス戦（SHO-TIME 22参照）で6失点KOされてしまいます。続く7月28日のレンジャーズ戦、さらに8月3日のアスレチックス戦でも敗戦投手になり、後半戦はよもやの3連敗スタートです。この3試合中のエンゼルスの得点はわずかに2点、大谷自身は好投を続けているもののチームの貧打に泣かされ続けています。とはいえ、投打同時出場している以上、得点力不足の責任の一端は大谷自身にもあります。

　4度目の正直となった8月9日は前回登板と同じアスレチックス戦です。同じ相手に連敗することは避けなければなりません。現状のチームの得点力を考慮すれば、なんとしても失点を最小限に食い止める必要があります。「二刀流の始祖」ベーブ・ルースの記録に並ぶ試合を、投打両方で見せ場を作って人々の記憶に残るものにすることができるでしょうか？

♥ WORDS & PHRASES IN LIVE

❶ **swing and miss**:「空振り」
❷ **got it**:「うまくやった、成功した」。71、73ページ参照
❸ **just like that**:「いとも簡単に、あっさり」
❹ **go with~**:「～を選ぶ」

大谷、打者アレンを3球目のスライダーで空振りに取り
ツーストライクに追い込む

One-two.
ワンボール、ツーストライク。

大谷は決め球にスプリットを選択
低めストライクゾーンからボールゾーンに鋭く落ちる完璧な球!
打者アレンは空振り三振!

①Swing and miss!
空振り三振!

He ②got it ③just like that. Two down.
あっさり打ち取りました。ツーアウトです。

For that next level, Shohei ④goes with the splitter now.
ここを乗りきるために、ショウヘイが今選んだのはスプリットです。

リプレイが映し出される
大谷が投げたスプリットは急角度で曲がり、落ちていることがわかる

Three strikeouts today, all with the splitter.
今日は3奪三振ですが、いずれもスプリットによるものです。

大谷が初回、2回と相手打線を3人で抑え上々の滑り出しを見せると、エンゼルス打線は3回表に1点を先制します。ところがその直後、大谷はフォアボールを皮切りに、一死三塁のピンチを迎えます。

ここで大谷は打者アレンをツーストライクまで追い込むと、勝負球に伝家の宝刀スプリットを選択します。投じられたスプリットは低めストライクゾーンからボールゾーンに落ちる最高の球で、アレンは空振り（swing and miss）三振をします。ここでのPBPのセリフ "He got it just like that." は「いとも簡単にやった」という意味です。スポーツ実況におけるこの表現は、選手が難なくすごいプレーをやってのけたときによく使用されます。

直後のCCのセリフ、"For that next level" は元来「次のステージを目指して」の意味ですが、この場合「このピンチをしのいで次に進むため」と解釈できますね。

結局、大谷は6回無失点で切り抜け、勝利投手の権利を得ます。

さらに7回、先頭打者となった大谷は自援護となるホームランを打ちます。「元祖二刀流」に並ぶにふさわしい投打にわたる活躍で、ついにベーブ・ルースに並ぶ「シーズン10勝、10本塁打」を大谷翔平が達成しました。

日常で使えるイチオシ表現

go with〜：「〜を選ぶ」
I'll go with a cheeseburger and French fries.
チーズバーガーとフレンチフライにします。

LIVE SHO-TIME のおさらい

Shohei goes with the splitter now.
ショウヘイが選んだのはスプリットです。

Forget about it!
追っても無駄だ！

場面 STAGE

- **WHEN** 2022年8月28日　トロント・ブルージェイズ戦
- **WHERE** ロジャーズ・センター
- **SCENE** 4-1　7回表　二死二塁（打者大谷）

Did you throw 100 pitches yesterday?

昨日、100球投げたよね？

7イニング無失点の翌日に逆方向アーチ含む3安打

BACKGROUND

　2022年、大谷は登板日翌日に打率.333、ホームラン7本をマークしました。通例、先発登板した翌日は、疲労や筋肉痛から身体を動かすのもやっとの状態だといいます。そう考えると、翌日も当たり前のように打者出場している大谷は異常であり、しかもこの打撃成績です。

　前日の8月27日、大谷は109球を投げて7回2安打無失点の快投で11勝目を挙げています。この日も涼しい顔で打者として出場し、1回と3回にヒット2本を打ちます。これだけでも特筆ものですが、まだ序章でした。今度は第4打席、タイムリーツーベースを放ったトラウトを2塁に置いての場面です。3点リードされている相手ブルージェイズは、ここでエンゼルスの勢いをなんとか食い止めたいところです。ベンチは大谷封じとして左腕のメイザを投入します。

♥ WORDS & PHRASES IN LIVE

❶ **opposite way**：「逆方向」
❷ **forget about it**：「もう忘れろ」→「追っても無駄だ」
❸ **dominant**：「支配的な」。133ページ参照
❹ **RBI(s)**：打点（=**Run Batted In**から）
❺ **run(s) scored**：「得点」

投手メイザ、6球連続で投じたシンカーが
ストライクゾーン真ん中寄りに入る
大谷はこれを引きつけて反対方向に

**Ohtani drives that one. ❶Opposite way.
That ball is hit well.**

オオタニがとらえたぞ。逆方向。強い当たりだ。

レフトが追うも打球はどんどん伸びて余裕のスタンドイン

Shohei Ohtani! ❷Forget about it!

ショウヘイ・オオタニ！　追っても無駄だ！

A two-run home run. His 28th.

ツーランホームランだ。28号だ。

相手野手陣は若干引き気味？

**Opposite field power for Ohtani.
❸Dominant on the mound yesterday
and three hits today, two ❹RBIs,
two ❺run scored.**

オオタニが持つ逆方向へのパワーですね。昨日はマウンドで
支配的な投球、そして今日はヒット3本に2打点2得点ですよ。

大谷はベースを1周してベンチに向かう
ホームランを打った打者をお祝いする恒例の"カウボーイハット"を
かぶせられ、エンゼルスナインから祝福される

解説 EXPLANATION

　ブルージェイズの左腕投手メイザは、時速90マイル中盤の高速シンカーを武器に、並み居る左の強打者を苦しめてきました。この場面、大谷に対しても3球連続でシンカーを投じてツーストライクに追い込みます。しかし、大谷は6球目の真ん中に甘く入ったシンカーを引きつけ、逆らわずにレフト方向に打ち返します（drive）。逆方向のこのような当たりは、普通の打者だと外野越えの長打にするのが精いっぱいですが、大谷のパワーはやはり違います。レフトフェンスを軽々と越える余裕の第28号ホームランとなりました。レフトが打球を追いますが、PBP はすかさず "Forget about it!" と叫びます。この表現は本来、嫌なことがあったとこぼしてきた相手をなぐさめる際に「もう忘れなよ」という意味で使います。ベースボール実況では、外野手が追いかけても全く届きそうにない大ホームランに対して「もう打球のことは忘れろ」→「追っても無駄だよ」となります。CC も大谷の逆方向へ打球を飛ばすパワー（opposite field power）に驚嘆すると同時に、前日に投手として "dominant" な快投を演じたまさに翌日に、ホームランを含む3安打を打つという異次元パフォーマンスにただただあきれていますね。dominant は「支配的な、圧倒的な」という意味で、相手を寄せつけないピッチングを披露する投手によく使われる形容詞です。109球を投げた翌日に2安打1ホーマー！　本当に異次元プレーヤーです。

♥ 日常で使えるイチオシ表現

forget about〜：「〜のことはもう忘れなよ」
Don't worry about the mistake. Just forget about it.
ミスのことは気にしないで。もう忘れなよ。

♥ LIVE SHO-TIME のおさらい

Shohei Ohtani! Forget about it!　ショウヘイ・オオタニ！　追っても無駄だ！

COLUMN 6

Ohtani is a human ①after all
結局大谷も人間だ

WORDS & PHRASES

① **after all**：「結局のところは」　② **intimidating**：「威圧的な」
③ **provocative**：「挑発的な」　④ **equipment**：「装備品、道具」
⑤ **roughly**：「手荒に、粗末に」
⑥ **only to** 動詞の原形：「結局〜という（好ましくない）結果になる」

ネット上でよく使われる大谷スラング3選

常に品行方正な優等生に見える大谷翔平ですが、ときにはドヤ顔でイキリ倒したり、道具にあたったり、チームメートをからかったり、審判の判定にケチをつけたりすることもあります。決して「聖人君子」でないところが、かえって愛らしさ倍増です。

オラ谷(たに)

When Ohtani gets excited, he can be ②intimidating or ③provocative towards others.
大谷は興奮すると、他者に威圧的になったり、挑発的になったりすることもある。

三振を奪ったあとや、快打を放ったときにドヤ顔で派手なガッツポーズをしたり、雄たけびをあげたり。得意満面な顔をした大谷の姿を俗称「オラ谷」といいます。メジャーリーグではかつてこれらは威嚇(いかく)行為としてあとで報復

（デッドボール）の対象になったものですが、今は若手選手を中心に普通のことになりつつあります。普段はクールな大谷でも、実は常にアツい思いでプレーをしていることよくわかりますね。

畜生谷（ちくしょうたに）

When Ohtani gets mad, he can treat his ④equipment ⑤roughly.

大谷は怒ると道具を粗末に扱うこともあります。

　大谷が思い描くプレーができなかったとき、ベンチ内でキレてヘルメットやバットを叩きつけるシーンもメジャー移籍後何度か目撃されています。なお、高校時代に彼は「道具を大事にする」ことを目標の1つに掲げていましたが。まあ、人間らしいですよね（笑）。

セルフジャッジ→ナイナイ

Ohtani sometimes tries to walk to first base after judging the pitch to him as a ball, ⑥only to show his frustration when it is called a strike.

大谷は、自分への投球をボールと判断して一塁に歩こうとするが、それがストライクと判定されると不満をあらわにすることもあります。

　特に打撃不調時に見られます。フルカウントから際どいボールを見送り、「ボールだ」とセルフジャッジをして一塁に向かおうとします。しかし、審判からは「ストライク」のコール！　大谷はしぶしぶ判定を受け入れ、去り際に「（その判定）ナイナイ」と手を振ります。

Win the showdown between "the MVP candidates"
"MVP対決"制す
天敵コールからの決勝逆転3ラン

BACKGROUND

　8月29日からのエンゼルス対ヤンキースの3連戦は、大谷翔平とアーロン・ジャッジ、リーグMVP候補の2人のホームラン競演に注目が集まります。ジャッジはこの時点で49本という驚異的なペースでホームランを量産しており、しかもチームは地区優勝が狙える位置につけているためMVP最有力候補と目されています。

　いっぽうの大谷もホームランは28本ながら投手で11勝176奪三振という異次元の成績です。第1戦は大谷29号ツーラン、ジャッジ50号ソロと両者ともホームランを放つも、結局大谷のツーランが決勝点となりエンゼルスが勝利します。続く第2戦はジャッジの51号ダメ押し3ランでヤンキースが勝利します。

　1勝1敗で迎えた第3戦、ヤンキースの先発は平均球速98マイルを誇るエース、ゲリット・コールです。これまで大谷はコールに対して.177、ホームラン0と、ほぼ完璧に抑えられてきましたが……。

♥ WORDS & PHRASES IN LIVE

❶ **erase~**：「～を消す」→「(ミス、負債)を帳消しにする」

❷ **deficit**：「負債、借金」→「(試合が)リードされている状態で、ビハインドで」

❸ **have done it**：「やり遂げた」。素晴らしいことを成し遂げたときに使う

❹ **(get) out of here**：「球場外へ」→「ホームランで」

投手コールはじっくりと間合いを取って投球開始
大谷が構える

Shohei could ❶erase the two-nothing ❷deficit with one swing.

ショウヘイなら、0対2のビハインドを一振りで帳消しにできます。

The 2-0.

2ボール、ノーストライク。

コールが時速98マイルのストレートを投じる
やや甘いコースに入った球を大谷のバットが一閃

And ❸he's done it!

ほんとにやりやがった!

コールは打球音を聞いた瞬間に被弾を確信しグラブを叩く
センターは1歩動いただけであきらめる

❹Get out of here! Shohei Ohtani!

いったあ! ショウヘイ・オオタニ!

大谷は一塁を回りながらガッツポーズ

Ohayo Gozaimasu, New York.

オハヨーゴザイマス、ニューヨークのみなさん。

大谷、歓喜の叫びをあげながらエンゼルスベンチへ

EXPLANATION

　この試合はヤンキースが5回表に2点を先制します。しかし、エンゼルスも6回裏に1番フレッチャーがヒットで、2番トラウトがエラーで出塁し、走者一、二塁のチャンスを迎えます。ここで3番大谷に1発が出れば一挙に3点が入り逆転です。PBPは"Shohei could erase the two-nothing deficit with one swing."（ショウヘイなら、0対2のビハインドを一振りで帳消しにできます。）と言っていますが、大谷なら十分ありえます。

　コールが投じた3球目の甘く入ったストレートを大谷が強振すると、打球はあっというまにバックスクリーンに吸い込まれました。PBPも興奮して"Get out of here!"（いったぁ！）と叫びます。この表現はSHO-TIME 7で既出の"Gone!"と同じで、打球が「グラウンド外に出た」こと、つまりホームランになったことを表します。続いてPBPは茶目っ気たっぷりに"Ohayo Gozaimasu, New York."と叫びます。なお、ヤンキース本拠地のあるニューヨークは時差の関係で深夜の時間帯でしたが、眠っている人々も目を覚ますような強烈な一発だとCCは強調したいのですね。3連戦の"MVP"対決は、初戦と第3戦に決勝ホームランを放った大谷に軍配が上がったといってもよいでしょう。

💙 日常で使えるイチオシ表現

erase〜：「（ミス、負債）を帳消しにする」
I wish I could erase the mistake I made yesterday.
昨日のミスを帳消しにできたらなあ。

💙 LIVE SHO-TIMEのおさらい

Shohei could erase the two-nothing deficit with one swing.
ショウヘイなら、0対2のビハインドを一振りで帳消しにできます。

Make the catch
捕球する

 STAGE

- **WHEN** 2022年9月29日　オークランド・アスレチックス戦
- **WHERE** エンゼル・スタジアム
- **SCENE** 4－0　8回表　無死走者なし（投手大谷）

Will he achieve no-hitter?
ノーヒッターなるか?
相棒も大記録達成のためにハッスル

背景 BACKGROUND

　8月以降、投手大谷の安定感はますます増していきます。特に、この時期新たに習得したツーシーム（シンカー）が威力を発揮し、打者も的をしぼりづらくなり、まさに難攻不落の投手へと進化を遂げていきます。この試合の前までにすでに14勝を挙げ、サイ・ヤング賞の候補にすら名前が挙がるほどでした。

　そして、メジャー史上初の偉業「規定投球回、規定打席のダブル到達」も見えてきました。残る登板予定は2試合で規定まで9イニングです。規定到達を確実なものにするためにも、この試合でできるだけ長いイニングを投げておきたいところです。しかし、大谷のこの日の投球は期待をはるかに上回るものでした。スライダー、ツーシームと多彩な変化球で相手を翻弄し、なんと7回終了時点でいまだノーヒットピッチングを続けています。

♥ WORDS & PHRASES IN LIVE

❶ **deal with**：「〜を扱う」→「〜と対峙する、対戦する」
❷ **leadoff**：「先頭打者」
❸ **pop up**：「小フライ（＝ポップフライ）を打ち上げる」
❹ **playable**：「プレー可能な」→「捕球可能な」。特に打者がスタンドに入りそうなファウルを打ち上げたときに使われる
❺ **make the catch**：「（フライを）捕球する」
❻ **What a 〜!**：「なんという〜だ!」。程度の大きさに驚嘆する際に使う

He's going to ①deal with Seth Brown, ②leadoff the eighth.

8回の先頭打者、セス・ブラウンと対峙します。

　　　　　大谷が8回先頭のブラウンにスライダーを投じる
　　　ブラウンは打ち損じて三塁側ベンチ寄りの高いファールフライ

③Popped up. Is it going to be ④playable?

打ち上げた！　捕れるのか？

　　　　　　　捕手スタッシがネットまで猛ダッシュ
　　　　　　ネットにへばりつきながら打球を好捕

And he ⑤makes the catch! He made the catch, out number one.

捕るぞ！　捕ったぞ！　まずワンアウトだ。

　　　　　　　スタッシが安堵の笑顔を見せる
　　　　　　　マウンドの大谷もバンザイする

⑥What a play by Max Stassi!

マックス・スタッシのなんというプレーだ！

　　　　観客は立ち上がってスタッシのファインプレーに拍手喝采
　　　ノーヒッターまであとアウト5つとなり、球場は大きくざわめく

EXPLANATION

　いよいよノーヒット・ノーランまであと6人。先頭打者はセス・ブラウン、この年25本塁打を放つ長打力があります。ブラウンは大谷の投じた初球スライダーを後方、三塁ベンチ側に pop up（ポップフライ）します。ネットに当たってそのままファウルになるかと思われました。PBP もこの打球が playable（捕球可能）かどうかに疑問を持っています。捕手スタッシはこの打球を気迫で追い、ネットにもたれかかりながらギリギリでボールをつかみます。make the catch は「（フライを）捕球する」の意味。野手の好プレーでアウトが取れたときに実況が叫ぶ "make the catch" は試合を大いに盛り上げてくれますね。スタッシの "What a play!"（なんというプレー！）にはマウンドの大谷もバンザイ、普段クールなスタッシからも笑みがこぼれます。勢いに乗った大谷は次打者ディアスも三振に切って取ります。

　大記録まであと4人。しかしここで打者キャペルが三遊間に放った打球は、無情にもイレギュラーしてショート・ソトのグラブをはじき、判定はヒット。記録達成はなりませんでしたが、大谷の快投をファンは盛大なスタンディングオベーションで讃えます。最終的に、2022年の大谷翔平は、ホームラン34本に加え、投手として15勝、そして史上初の「ダブル規定到達」を達成しました。まさに Unicorn（ユニコーン、150ページ参照）の名に恥じない活躍です。

日常で使えるイチオシ表現

What a ～ !：「なんという〜だ！」

Good things happened to me one after another. What a day!　いいことが次々に起こったよ。なんて日だ！

LIVE SHO-TIME のおさらい

What a play by Max Stassi!　マックス・スタッシのなんというプレーだ！

COLUMN 7

Complete replay of 2023 WBC final: Trout VS Ohtani

完全再現 2023年WBC 決勝 トラウトVS大谷

WORDS & PHRASES

① **impossible theater**：「実現不可能な劇場」→「映画でもできすぎの場面」
② **regal excellence**：「極めて卓越していること」
③ **overwhelming talent**：「圧倒的な才能」
④ **one-run game**：「1点差の試合」
⑤ **nod**：「うなずき」
⑥ **off the plate**：「ストライクゾーンを外れて」
⑦ **hardly budge**：「ほとんど反応しない」
⑧ **stars aligning**：「星が並んでいる」→（比喩的に）「運命の舞台が整っている」
⑨ **it'd be hard-pressed to~**：「~するのは困難だ」。hard pressedは「困難な状況に追い込まれて」の意味
⑩ **get on~**：「（投球が）~に襲いかかって」
⑪ **the count goes full**：「フルカウント（3-2）になる」

ワールド・ベースボール・クラシック（WBC）

2023決勝（日本VSアメリカ）、クライマックスシーンを完全リプレイ！ 日本がアメリカを1点リードして迎えた9回、大谷がリリーフとして登板します。2アウトを取ったあと、迎えるのは大谷の兄貴分でもあるエンゼルスの盟友マイク・トラウトです。

このドリームマッチを制し、母国に名誉をもたらすのはどちらでしょうか？

① **Impossible theater.** 映画でもありえない場面。

The ②regal excellence of Japan.
The ③overwhelming talent of the United States.
日本が放つ異才と、アメリカが誇る圧倒的才能。

And a ④one-run game with two-gone, the ninth inning.
9回ツーアウトランナーなし、差はわずかに1点です。

The dream matchup, Ohtani, Trout.
オオタニ対トラウト、夢の対決です。

Both are going back to the same team,
両者とも（この試合後は）チームメートに戻りますが、

One's coming back with a trophy.
トロフィーを持って帰れるのは1人だけです。

1 SWEEPER

1球目スイーパー
時速88マイル

わずかに低めに外れる

One ball no strikes.
ワンボール、ノーストライク。

2 FOUR SEAM FASTBALL

2球目フォーシーム
時速100マイル

The 1-0 pitch.
1ボールからの投球。

真ん中やや低め、空振り

Swing and a miss!
空振り！

A fastball at 100.
時速100マイルのファストボールです。

A ⑤nod from Trout.
トラウトがうなずきます。

3 FOUR SEAM FASTBALL

3球目フォーシーム
時速100マイル

A one-on-one count.

カウントは1−1。

外角へわずかに外れる

Ball two, just outside.

2ボール、外角に少し外れました。

Fastball just ⑥off the plate at a hundred.

時速100マイルのファストボールはわずかにストライクゾーンを外れました。

And Trout ⑦hardly budged.

トラウトはほとんど反応しませんでした。

These are two of the greatest players to ever live.

ここにいるのは歴史上最も偉大な2人のプレーヤー。

⑧Stars aligning for the dream matchup for the ages here in ninth.

めくるめく運命が、この9回にドリームマッチをもたらしたのです。

4 FOUR SEAM FASTBALL

4球目フォーシーム
時速100マイル

真ん中高め、空振り

Two-two.
2-2です。

I mean ⑨it'd be hard-pressed for me to not throw another fastball right there.
私なら同じコースにファストボールをもう1球投げたくなるところですが(直訳：投げないことは困難でしょうが)。

And I know it's Mike Trout.
相手はマイク・トラウトですからね。

But that fastball is ⑩getting on them.
それでも今夜のファストボールは打者に襲いかかってきています。

5 FOUR SEAM FASTBALL

5球目フォーシーム
時速102マイル

Ohtani's two-two pitch.
オオタニ、2-2からの投球。

外角へワンバウンド、ボール

⑪ **The count goes full.** フルカウントです。

Ohtani's ready. オオタニが構えた。

Trout's ready. トラウトも構えた。

6 SWEEPER

6球目スイーパー
時速87マイル

外角へ鋭く曲がる、空振り三振

He struck him out!
三振！

Japan's back on top of the baseball world!
日本がベースボール界の王者に返り咲きました！

日常で使えるイチオシ表現

It'd be hard-pressed to〜
「〜するのは極めて困難だろう」

状況が厳しく、目標達成が難しいことを強調してみよう

It'd be hard-pressed for me to finish the project by the deadline.
期限までにプロジェクトを完成させるのは、極めて困難なことだろう。

特別付録 **メジャーリーグ観戦キーワード**

覚えておけばメジャーリーグの試合を英語実況放送で楽しめるキーワード集。

打者大谷編

on deck 次打者である
bases are loaded / empty 満塁で/走者なしで
stolen base 盗塁
hit well = struck well いい当たりだ
(it's) going! （打球が）伸びる！
Gone! = Goodbye! / See ya! = Out of here!
　（ホームランが）入った！　「ボールが球場外にいってしまった」の意味から
off the wall フェンスを直撃して
down the line ギリギリフェアゾーンに入って
ground ゴロを打つ。「ゴロ」は ground ball から
pop up ポップフライ（凡フライ）を打ち上げる
hit to the opposite field 流し打ちをする、逆方向へ打つ
walk off サヨナラ勝ちをする
pull the ball 球を引っ張る
swing and miss 空振り（する）
intentional walk 敬遠四球
OPS 出塁率＋長打率。最も重視される打者の指標
back-to-back 二者連続の

その他

two-way player （投打の）二刀流選手
Ohtani-san ネットでの大谷の別称。デビュー年の実況が"Big Fly! Ohtani-san!"とホームランのたびに叫んだことから
SHO-TIME 大谷が活躍している様を表す造語
WAR (= Wins Above Replacement) その選手の存在がチームの勝利数をいくつ上積みするかを示す指標。MVP選考決定の際に重要視される
unicorn 伝説上の一角獣。現実離れした二刀流で活躍する大谷につけられたあだ名
GOAT (=Greatest of All Time) 歴史上最高のアスリートに対して使われる言葉。大谷を褒めたたえる人々がネット上でしばしば口にする

CHAPTER 3
2023〜
Spectacular Shohei
偉大なショウヘイ

SHO-TIME 27

How far will this one go?
どこまで飛ぶんだ？

 STAGE

WHEN 2023年4月2日　オークランド・アスレチックス戦
WHERE オークランド・コロシアム
SCENE 5−0　5回表　無死走者なし（打者大谷）

Each hero hits his first home run of the season

シーズン1号競演
WBC対決からわずか10数日後"兄弟"連続弾

BACKGROUND

　2023年シーズンが開幕しました。結果的に大谷翔平にとってエンゼルス最終シーズンとなります。あのWBC決勝（COLUMN 7参照）からまだ2週間足らず、日米それぞれの代表を務めた大谷とトラウトもエンゼルスに合流し、メジャーリーグ162試合の長丁場を共に戦っていきます。

　前シーズンは第1号ホームランがなかなか出なかった大谷ですが、この年は第1戦、第2戦いずれもヒットを放ち、打撃好調の気配を示しています。盟友トラウトもこの試合の第1、第2打席と連続ヒットを放っており、早くも打撃にエンジンがかかりつつありました。

　試合はエンゼルスが4回に3点を先制します。そして、5回表、無死一塁でトラウトが3球目をとらえ、センターに特大のシーズン第1号アーチを放ちます。主砲の一撃にファンの興奮も冷めやらぬなか、さあ大谷は？

♥ WORDS & PHRASES IN LIVE

❶ **right center**：「右中間への」
❷ **How far~?**：「どれくらい遠くまで～するか？」
❸ **blast**：「強烈な一撃」
❹ **back-to-back**：「2者連続の（ホームラン）」。103ページ参照
❺ **each~**：「それぞれが～する」

 LIVE SHO-TIME! 27

Five-nothing lead.
5対0でリードしています。

大谷、ウォルディチャックの初球スイーパーを完璧にとらえる

Here's Ohtani, with a drive!
今度は大谷がとらえたぞ!

①Right center field!
右中間だ!

②How far will this one go?
これはどこまでいくんだ?

強烈な打球はバックスクリーンのさらに上、手すりを直撃する

Shohei Ohtani, with ③a blast!
ショウヘイ・オオタニ、強烈な一撃だ!

It's ④back-to-back for Trout and Ohtani.
トラウトとオオタニの2者連続だ。

⑤Each hits their first home run.
それぞれ今シーズン初アーチだ。

It is six to nothing.
6対0になりました。

EXPLANATION

　この回はまず、2番トラウトが3球目をセンターに叩き込み、エンゼルスは2点を追加します。ベンチ内でトラウトがまだ揉みくちゃにされている最中、大谷は初球、内角低めのスイーパーをアッパースイングでとらえます。すると、強烈な打球が右中間（right center）へ伸びていきます。PBPが叫んだ"How far will this one go?"（これはどこまで行くんだ？）のような問いかけは、ホームランの飛距離のすごさを強調するときに用いられます。ほかに、似たような言い回しとして2021年の17号時の実況"Where did that land？"（打球はどこに落ちたんだ？）などもあります。大谷の当たりは、バックスクリーンをはるかに越え、観客席の手すり部分を直撃し、フィールド内に跳ね返ってきます。飛距離136m、まさに強烈な一撃（blast）でした。トラウトとの連続アーチ（back-to-back）では両者ともシーズン初ホームランとなりました。シーズン第1号に大谷も興奮したのか、急ぎ足でベースを1周し、笑顔でホームインします。"トラ兄"も大喜びで、ベンチで弟分を祝福。10日ほど前のWBCでは敵同士だった2人、なんだか不思議です。

　これで開幕から3戦連続ヒット、そして早くも飛び出したシーズン初アーチは、今期の大谷の打撃の進化と好調ぶりを感じさせるものでした。前シーズンは34本塁打と、大谷にしてはややもの足りない本数に終わりましたが、今期はホームランの大増産が期待できそうです。

日常で使えるイチオシ表現

each＋動詞：「それぞれが〜する」
Each contributes to the success of the team in their own way. それぞれが自分のやり方でチームの成功に貢献しています。

LIVE SHO-TIME のおさらい

Each hit their first home run. それぞれがシーズン初アーチだ。

SHO-TIME 28

Make the play
アウトだ

He leaps!
And he makes the play!

🏟 STAGE

- **WHEN** 2023年4月19日　ニューヨーク・ヤンキース戦
- **WHERE** ヤンキー・スタジアム
- **SCENE** 0-0　1回表　一死走者なし（打者大谷）

Rob him of a home run
ホームランキャッチ
またもライバルにホームランを奪われる

🔍 BACKGROUND

　メジャーリーガーのすごさは打撃や投球だけではありません。驚異的な身体能力を活かした守備もまた凄まじいものがあります。痛烈な打球をスライディングやダイビングで捕球し、アウトにしてしまうなど日常的な光景です。

　前年度、アメリカン・リーグのシーズン新記録の62本塁打を放ち、大谷とのMVP争いを制したヤンキースのアーロン・ジャッジ。打撃力が注目されるのは当然ですが、外野の守備力もメジャー上位であるという評価を受けています。広い守備範囲と強肩、そして201cmという長身を活かしたジャンピングキャッチにより、しばしば大飛球をアウトにしてしまいます。

　大谷は前年にも同球場でホームラン性の当たりをこのジャッジにキャッチされ、悔しい思いをしています。今年はリベンジに成功するのでしょうか？

♥ WORDS & PHRASES IN LIVE

❶ **track**：「ウォーニング・トラック」。123ページ参照
❷ **leap**：「（フライを取るために）ジャンプする」
❸ **make the play**：「プレーを成立させる」→「アウトにする」
❹ **take away~**：「〜を奪い取る」
❺ **make up~**：「〜の話を作り上げる」
❻ **star power**：「スターの持つ力」。一流アスリートや俳優が卓越したパフォーマンスを見せたときに使われる

大谷、フルカウントからのチェンジアップをすくい上げる
これはいったか？

High fly ball. Deep center.
高く上がった。センター深いところだ。

Going back. Judge, still back.
下がっていく。ジャッジは、まだ下がる。

On ❶the track. At the wall...
トラックから。フェンスまで下がって……

ジャッジがフェンスに着き、落下に合わせてジャンプ！
完全にフェンスを越えていたボールを奪い取る

He ❷leaps! And he ❸makes the play!
ジャンプ！　アウトにしたぞ！

He ❹took away a home run and made the play!
ホームランを奪った！　アウトにした！

ホームランを捕られた大谷は茫然としてベンチに引き返す

Michael, you can't ❺make this up. This is a ❻star power right here.
マイケル、これは作り話じゃないよ。
ここにあるのはスターの力だ。

EXPLANATION

初回一死から打席に立った大谷は、フルカウントから投手ブリトーの投げた6球目チェンジアップをうまくすくい上げます。そしてセンターやや右寄りに大飛球が上がります……。

センターを守るジャッジは、打球の行方を落ち着いて見ながらバックし、芝部分からトラック（track）に足を踏み入れ、フェンス（wall）に張りつきます。そして、タイミングを合わせてジャンプし（leap）、完全にフェンスを越えていた打球をアウトにします。makes the play は「アウトを取る」の意味で、SHO-TIME 26で既出の make the catch が「捕球する」行為そのものを示すのに対し、こちらは「捕球しアウトにする」という結果を強調します。

CC の "Michael, you can't make this up. This is a star power right here."（マイケル、これは作り話じゃないよ。ここにあるのはスターの力だ）は、このようなスーパープレーは偶然の産物ではなく、スター選手のジャッジなら必然的にできるものだ、ということを伝えていますね。大谷の打球は125メートルも飛んでおり、多くの球場では余裕のホームランですが、このヤンキー・スタジアムはセンターがメジャー屈指の広さで、その方向に飛んでしまったのも不運でした。気をよくしたジャッジは、その回の裏に先制ツーランを放ちます。エンゼルスと大谷にとってはなんとも悔しい一日でした。

💙 日常で使えるイチオシ表現

make up~：「～の話をでっち上げる」
He didn't want to make the teacher angry, so he quickly made up a story about why he was late.
彼は先生を怒らせたくなかったので、遅刻の理由について作り話をした。

💙 LIVE SHO-TIME のおさらい

Michael, you can't make this up.　マイケル、これは作り話じゃないよ。

Crushed just at the wall
わずかに届かなかった

 STAGE

- **WHEN** 2023年4月27日　オークランド・アスレチックス戦
- **WHERE** エンゼル・スタジアム
- **SCENE** 8－7　8回裏　一死一、二塁（打者大谷）

CHAPTER 3 2023〜 Spectacular Shohei

Cycle hits by a starting pitcher?
先発投手のサイクル？
勝利投手＋単打＋二塁打＋三塁打。そして……

背景 BACKGROUND

　大谷自身は2019年にすでにサイクルヒット（＝１試合で単打、二塁打、三塁打、本塁打を放つこと）を達成しています。しかし、それは打者としてのみ出場したときのことであり、投打同時出場でのサイクルヒット経験はありません。というより先発投手がサイクルヒットを放ったという記録自体がメジャーリーグ史に存在しません。

　この日の投手大谷は４回に制球を乱し、２死球、１暴投、２四球にホームラン２本、二塁打１本を喫し、一挙に５点を失います。いっぽう打者大谷は、初回にシングル、３回に二塁打、６回に三塁打を打って自援護し、先発投手としては史上初のサイクルヒットに王手をかけます。観客も快挙の達成を見届けようと大きく盛り上がった雰囲気のなか、大谷が８回の第５打席を迎えます。

♥WORDS & PHRASES IN LIVE

❶ **just miss (ed)**：「わずかの差でうまくいかない（かった）」
❷ **inner half**：「内角」
❸ **crush**：「〜を粉砕する、〜を強く打つ」
❹ **just at the wall**：「フェンス際まで」。惜しくもスタンドインしなかった打球に対して用いる
❺ **got it**：「うまくいった、成功した」。71、73ページ参照

LIVE SHO-TIME! 29

大谷、左腕ラブレディの内角スライダーを強振する

Ohtani drives one! Right center field!
オオタニがとらえたぞ！　右中間だ！

右中間にホームラン性の大きな打球が飛んでいく

Baseball history coming for Shohei!
ショウヘイがベースボールの歴史を作る！

だが打球はフェンスのわずかに手前で失速

But it's caught at the wall by Esteury Ruiz.
だがフェンス際でエステウリ・ルイーズに捕られた。

ファンの大歓声はため息に変わる

He ①just missed.
わずかのところで逃しました。

He got the slider. It was an ②inner half. He ③crushed it ④just at the wall. He thought he might have ⑤got it.
スライダーをとらえました。内角でしたね。フェンス際まで飛んだのですが。本人も手応えを感じていたかもしれません。

エンゼルスファンはもちろんのこと、敵アスレチックスファンでさえ大谷のサイクルヒットを期待しているような雰囲気のなか、大谷は初球のスライダーをしっかりdrive（とらえる）し、快音を残して右中間に大飛球を打ち上げます。

PBPも大記録達成を確信したのか、"Baseball history coming for Shohei!"（ショウヘイがベースボールの歴史を作る！　直訳は「ベースボールの歴史がショウヘイのためにやってくる」）と叫びます。しかし、微妙にバットに当たるポイントがずれていたのか、フェンス（wall）目前で打球は失速し、捕球されてしまいます。紙一重の差で大記録達成はなりませんでした。

"just missed."は「わずかの差でうまくいかなかった」が直訳で、ベースボール実況ではほんのわずかの差でホームラン性やヒット性の打球がアウトにされてしまったときによく使われます。CCの発言の、"He crushed it just at the wall."は「ちょうどフェンスのところまで強烈な打球を打った」が直訳で、「いい当たりの打球が惜しくもフェンス手前で捕球された」ときによく使われる表現です。

サイクルヒットこそなりませんでしたが、先発投手が3安打して打撃でも勝利に貢献すること自体が稀です。次のチャンスに期待しましょう。

💙 日常で使えるイチオシ表現

just miss：「わずかの差でうまくいかない」

I reached out to grab the falling smartphone, but just missed.

私は落下するスマホをつかもうと手を伸ばしたが、わずかに届かなかった。

💙 LIVE SHO-TIME のおさらい

He just missed.　わずかのところで逃しました。

SHO-TIME 30

Off the top of the fence
柵の上部を直撃だ

 STAGE

- **WHEN** 2023年5月15日　ボルチモア・オリオールズ戦
- **WHERE** オリオール・パーク・アット・カムデン・ヤーズ
- **SCENE** 4−4　4回表　一死一、二塁（打者大谷）

Make up for my own mistakes with a furious blast!
自分で取り返す！怒りの1発
今季リアル二刀流初アーチ＋またもサイクル未遂

BACKGROUND

　3月に行なわれたWBCによる調整の狂いか、はたまたこの年から導入された「15秒以内投球ルール」の影響か、5月に入って大谷は走者をためて長打を打たれる場面が目につくようになります。

　この日も同様、味方が先に点を取って主導権を握るも、2回、3回と2イニング連続でツーランホーマーを被弾し、序盤で4点も失ってしまいます。昨年までの大谷には滅多に見られなかったシーンです。ただ、自分の失態は自分で取り返すのが二刀流の真骨頂。4対4の同点、ランナー2人を置いて迎えたこの打席に、大谷は並々ならぬ気合と集中力で向かいます。このシーズン、登板時のホームランはまだありません。

♥ WORDS & PHRASES IN LIVE

❶ **run scored**：「得点」
❷ **right center**：「右中間」
❸ **long gone**：「（打球が）遠くまで飛んだ」
❹ **off the top of the fence**：「柵の上部を直撃して」
❺ **protect~from...**：「…から～を守る」
❻ **Utah Street**：「ユタ・ストリート」。オリオール・パーク・アット・カムデン・ヤーズ（オリオールズ本拠地球場）の外野スタンド外側に位置する通り。買い物客などでにぎわう

LIVE SHO-TIME! 30

Shohei's trying to help himself again. He already had a walk and a single and a ①run scored.

ショウヘイはまた自援護を狙っていますよ。今日はフォアボール1, シングル1, 得点1をマークしています。

大谷、初球真ん中カーブをフルスイング！ 凄まじい打球音

And Shohei with a drive. ②Right center field.

ショウヘイがとらえた！ 右中間だ。

打球はものすごい速さで右中間スタンド客席の上柵の上部を直撃して跳ね返る

That ball is ③long gone. ④Off the top of the fence.

ボールははるか遠くまで飛んだ。柵の最上部に当たったぞ。

⑤Protecting ⑥Utah Street from a Shohei Ohtani rocket.

そしてユタ・ストリートをショウヘイ・オオタニのロケット弾から守った。

大谷、険しい顔でベースを1周する

It's a three-run homer. And the Angels have the lead again.

3ランホーマーだ。そしてエンゼルスが再びリードだ。

解説 EXPLANATION

　大谷はこの試合3回にヒットで出塁し、同点のホームを踏む「自援護」をすでにしています。しかし、4失点もしてしまったこの回は、並々ならぬ気合がみなぎる打席に見えました。

　ロドリゲスの投じた初球カーブを大谷は一閃！　打球は超速で右中間スタンドへ突き進み、観客席のさらに上、球場外に打球が飛び出るのを防止する柵に当たって跳ね返ります。なお、"off the top of the fence"（柵の上部を直撃して）の、off は「〜に当たって」の意味を表し、この場合の fence は、「外野フェンス」ではなく、危険防止のための「柵」のことです。いわゆる日本語の「(外野)フェンス直撃」は off the wall と言います。

　"Protecting Utah Street from a Shohei Ohtani rocket."（ユタ・ストリートをショウヘイ・オオタニのロケット弾から守った）の部分は、「ユタ・ストリートと呼ばれるこの球場外の通りが、その柵によって大谷のロケットのような打球から守られた」ことを指し、大谷の打球の凄まじさを物語っています。

　自らの勝ち越し3ランで落ち着きを取り戻し、大谷はその後7回までを投げきって勝利投手となります。打者大谷もあと二塁打が1本出ていればサイクルヒットとなる5打数4安打3打点、結局この日も「大谷デー」でした。

💙 日常で使えるイチオシ表現

protect〜from...：「…から〜を守る」
Sunscreen protects your skin from sunlight.
日焼け止めは皮膚を太陽光から守ります。

💙 LIVE SHO-TIME のおさらい

Protecting Utah Street from a Shohei Ohtani rocket.
ユタ・ストリートをショウヘイ・オオタニのロケット弾から守った。

SHO-TIME 31

Should be the ballgame
試合は決まりでしょう

 STAGE

- **WHEN** 2023年6月2日　ヒューストン・アストロズ戦
- **WHERE** ミニッツメイド・パーク
- **SCENE** 2-6　9回表　二死一、三塁（打者大谷）

The two-way role didn't work out at all

投打で不発
投手大谷敗戦、打者大谷4タコで最後の打者に

 **BACKGROUND**

　開幕から2カ月、大谷の投球内容は不安定で、特にランナーを出してから1発を食らうシーンが依然目立ちます。この日のアストロズ戦も、初回にツーラン、5回にタイムリー、6回にツーランを打たれ、計5点を失ってしまい、苦しい投球が続きます。

　いっぽうこの日のエンゼルス打線は、好投手のバルデスに完璧に抑えられ、7回まで無失点と反撃の糸口がつかめません。「打」で投手としての失態を取り返したい大谷ですが、バルデスの前に沈黙し、3打数無安打2三振と完璧に封じ込められます。

　投手大谷は6回までで無念の降板となりますが、打者としてはこのまま引っ込むわけにいきません。一矢報いることができるでしょうか？

♥WORDS & PHRASES IN LIVE

❶ **fly**：「フライを打つ」
❷ **Should be the ballgame.**：「試合は決まりでしょう。」
❸ **come in**：「（外野が）前進する」
❹ **put it away**：「それ（打球）を片づける」→「捕球する」
❺ **take**：「（試合の勝利を）奪う」
❻ **four games set against～**：「～との4連戦」

LIVE SHO-TIME! 31

Now Abreu facing Shohei Ohtani.
アブレイユがオオタニを迎えます。

　　　　大谷は初球の内角スライダーを逆方向へ打ち上げる

Ohtani ❶flies one to left field.
オオタニがレフトに打ち上げました。

　　　　打球に力はなく、大谷は打った瞬間うなだれる

❷Should be the ballgame.
ゲームセットになりそうです。

　　　　レフトのアルバレスが数歩、前進してキャッチ

Yordan Alvarez ❸comes in and ❹puts it away for the final out.
ヨルダン・アルバレスが前進して捕球し、最後のアウトを取ります。

Yes. The Astros win it six to two. They've ❺taken the first two games of the ❻four games set against the Angels.
捕りました。アストロズ6対2の勝利です。エンゼルスとの4連戦、最初の2つをものにしました。

　　　　たんたんと勝利を喜ぶアストロズベンチ

エンゼルスは4点ビハインドの9回に、二死一、三塁とし、最後のチャンスを迎えます。ここで打順は1番にかえって大谷です。最低でも次のトラウトにつなぎ、勝利の望みを託したいとこ

ろです。しかし大谷はアブレイユの初球内角スライダーを打ち上げてしまい万事休す。PBPもレフトが捕球体勢に入っているのを見て、"Should be the ballgame."（これで試合は終わりそうだ）と宣言します。この表現は、試合を決定づけるプレーが行なわれたり、最後のバッターが平凡なフライを打ち上げたりしたときなどに使われます。なお、「試合終了」を告げる定形句は"That is the ball game."で、"Game set."とは言いません。

レフト定位置よりやや前の大谷の打球を、アルバレスは前進して処理します。come in は外野手が内側寄り（in）にやってくること、つまり「定位置から前進する」ときに使われます。また、put away は本来「片づける」「処理する」の意味です。この場面の"put it away"は「それ（＝打球）を処理する」、つまり「捕球する」という意味になります。

大谷は結局この日敗戦投手となり、打者としても4打数ノーヒット2三振、最後の打者としてのチャンスもつぶしてしまいました。二刀流選手の大谷は、投打いずれも活躍できなかった日には2倍バッシングを受けるというプレッシャーを常に背負っているのです。

💙 日常で使えるイチオシ表現

put ~ away：「〜を片づける、〜を処理する」

Please put your toys away after playing.

遊び終えたら、おもちゃを片づけてね。

💙 LIVE SHO-TIME のおさらい

Yordan Alvarez comes in and puts it away for the final out.

ヨルダン・アルバレスが前進して捕球（＝打球を処理）し、最後のアウトを取ります。

SHO-TIME 32

Get out of the big jam
大きなピンチを切り抜ける

With the fist pump. Stares at Shohei.

 STAGE

- **WHEN** 2023年6月9日　シアトル・マリナーズ戦
- **WHERE** エンゼル・スタジアム
- **SCENE** 3－3　5回裏　二死二、三塁（打者トラウト）

Pitcher intimidates baserunner!?

投手が走者を威嚇!?

仲よし対決、茶目っ気たっぷりの挑発ポーズ……

 **BACKGROUND**

　マリナーズの剛腕ルイス・カスティーヨと大谷は普段から談笑するなど、敵同士ながら仲よしです。この試合、両者の先発登板で始まりましたが、初回にマリナーズがまず2点を先制します。しかし、3回裏に大谷の「自援護」同点ツーランが炸裂！　打たれた瞬間、カスティーヨは「やられた！」のリアクションをします。勝敗とは別に大谷との勝負を楽しんでいる様子です。

　そして3対3で迎えた5回裏二死一塁、またも大谷が強烈な二塁打を放ち、これでカスティーヨからはこの日3安打目と、いいように打ちまくります。

　エンゼルスは走者二、三塁のチャンスとなり、ここで打者は主砲トラウトです。カスティーヨも大谷との「投手対決」には負けられません。

♥ WORDS & PHRASES IN LIVE

❶ **fist pump**：「拳を突き上げるポーズ」

❷ **stare at~**：「~をじっと見つめる、にらむ」

❸ **get out of the big jam**：「大きなピンチを脱する」。**jam** は、瓶の中に詰まったジャムのように身動きが取れない状態

❹ **gamesmanship**：「ゲームズマンシップ」。試合を有利に進めるための巧妙な手口

> カスティーヨがボールゾーンに外角スライダーを投げる
> トラウトはこれを追いかけて空振り三振

Strikes out! Luis Castillo.
三振だ！　ルイス・カスティーヨ。

> カスティーヨが二塁付近にいる大谷に拳を向けてガッツポーズ

With the ❶fist pump, ❷stares at Shohei
拳を突き上げて、ショウヘイをにらみます。

> 大谷は「してやられた」の表情で苦笑い

And ❸get out of the big jam here in the bottom of the fifth.
そしてこの5回の裏の大きなピンチを脱しました。

> ファンの大歓声はため息に変わる

Uh, I love the ❹gamesmanship right there.
うん、私はこういう駆け引きが大好きです。

I love that.
こういうの大好きです。

> 画面にカスティーヨが拳を大谷に向けて突き上げるシーンが
> スローでリプレイされる

That was for you, Shohei.
ショウヘイ、君に向けられた拳だよ。

With the fist pump. Stares at Shohei.

　ピンチを迎えた相手投手カスティーヨは、ここで時速97〜98マイルのストレートを連発してトラウトを追い込みます。5球目、外角のボールゾーンに逃げるスライダーを投じると、トラウトはこれを空振りして三振となり、エンゼルスは最大のチャンスを逃しました。

　このとき、なんとカスティーヨは身体を反転させ、二塁走者の大谷に向けて拳を突き上げるポーズ(the fist pump)をし、ドヤ顔でガッツポーズをします。カスティーヨと目が合った大谷も思わず苦笑いしながらベンチに下がっていきます。打者大谷には完敗したものの、敵の主力打者を三振に切ってとり「ピッチングなら負けてないぞ！」と大谷を挑発したように見えます。get out of the (big) jam は、「トラブルを乗り越える」の意味で、特にベースボール実況では投手がピンチをしのいだときによく使われます。

　gamesmanship（ゲームズマンシップ）とは、「試合を有利に進めるために使うマナー違反すれすれの手口」です。過剰なガッツポーズや相手を挑発したりする行為と同様で本来慎むべきとされてきました。しかし近年はそれも、試合を盛り上げるために容認されるべきという考えが広まりつつあります。今回のカスティーヨの挑発（？）も、大谷と彼の仲を知る人々にとってはむしろ微笑ましいものと映ったようです。

日常で使えるイチオシ表現

fist pump：「拳を突き上げるポーズ」
When he knew he passed his exam, he did a fist pump in excitement.　試験に合格していることがわかると、彼は興奮して握り拳を突き上げた。

LIVE SHO-TIME のおさらい

With the fist pump, stares at Shohei.
拳を突き上げて、ショウヘイをにらみます。

SHO-TIME 33

Exit velocity
打球速度

場面 STAGE

- **WHEN** 2023年6月12日　テキサス・レンジャーズ戦
- **WHERE** グローブライフ・フィールド
- **SCENE** 4-5　7回表　一死走者なし（打者大谷）

Flipping the bat confident in a home run

確信バットフリップ
逆方向同点特大アーチでホームラン量産態勢へ

BACKGROUND

　直近3試合で13打数7安打2ホーマーと大谷のバットにエンジンがかかってきました。敵地に乗り込んでの強豪レンジャーズとの4連戦です。

　試合はレンジャーズが終始主導権を握り、2回に3点、3回に2点をとり、エンゼルス先発ディーン・ダニングを攻め立てます。さすがはリーグ屈指の強打線です。しかしエンゼルスも3回に1点、5回も大谷の犠牲フライなどで3点を返し、4対5と1点差まで詰め寄ります。

　6回、レンジャーズはこの回から投手交代、グラント・アンダーソンを投入し逃げきりを図ります。そして7回、一死後、大谷が打席に入ります。強豪チームに粘り強く食らいつき、点差を詰めていっている状況です。なんとかこの試合を逆転で勝ち、4連戦初戦をものにできるとよいのですが……。

♥WORDS & PHRASES IN LIVE

❶ **left center**：「左中間」
❷ **pretty deep**：「かなり深いところへ」→「かなり大きな当たりで」
❸ **go a long way**：「遠くまでいく、飛ぶ」
❹ **cover**：「球をしっかりとらえる」
❺ **exit velocity**：「打球速度」。**exit velo** ともいう。なお、**exit velocity** で示される数値は、投球同様、(マイル／時)で表記され、"100" は "**One hundred miles per hour**" と読む

LIVE SHO-TIME! 33

大谷、アンダーソンの2球目内角低めシンカーを逆方向に
打った瞬間に確信のバットフリップ（＝バット投げ）をする

Hit this one well. ❶Left center field. ❷Pretty deep!

いい当たりだ。左中間だ。かなり大きい！

強烈な打球は左中間スタンドの2階席へ向かって着弾

This one is going to ❸go a long way.

これはすごい飛距離が出そうだ。

The game is tied!

試合は同点になりました！

Shohei Ohtani ❹covered it all right. It's his 19th home run. And it's five-five in the seventh.

ショウヘイ・オオタニが完璧にとらえました。
19号ホームランです。そして7回、5対5になりました。

大谷は二塁を回ったところで右手を突き出してガッツポーズ

❺Exit velocity of 114.1. 459 feet.

打球速度は114.1マイル。飛距離459フィート。

解説 EXPLANATION

4対5の1点ビハインドで迎えた7回表、大谷のバットからは今までに誰も見たことがないような凄まじい打球が放たれます。

大谷は、この前の回から登板したアンダーソンの内角低めシンカーを引きつけて左中間方向にはじき返します。

大谷は打った瞬間にスタンドインを確信し、余裕のバット投げ(バットフリップ)を見せます。また、PBPも打球音を聞くやいなや尋常ではない飛距離の打球となることを確信し、pretty deep(かなり遠くまで飛んで)、go a long way(かなりの飛距離を飛ぶ)のような表現で興奮を表します。

打球は逆方向アーチとしてはありえない左中間スタンド2階席に着弾し、飛距離459フィート(約140メートル)の特大同点弾でした。また、打球速度(exit velocity)も114.1マイル(時速約184キロ)のロケットのような速さ。このexit velocityは、メジャーリーグで打撃の力強さを測る重要なファクターで、大谷選手の活躍により、日本人ファンも注目する指標となりました。もともと、「exit(出口)+velocity(速度)=バットから離れる瞬間のボールの速度」という意味です。

勢いづいた大谷は、延長12回にまたも逆方向に20号決勝ツーラン! 本塁打王争いでもトップに立ちます。逆方向に打球が伸びるのは大谷好調の証といわれます。2021年の6月同様、ホームラン量産態勢突入か? いよいよ「打者大谷」が本格的に目を覚ましてきました。

♥ 日常で使えるイチオシ表現

be tied:「同点で、引き分けで」

The two candidates were tied in the election.

選挙で、2人の候補者は引き分けだった。

♥ LIVE SHO-TIME のおさらい

The game is tied! 試合は同点になりました!

Swing and miss!
空振り！

 STAGE

- **WHEN** 2024年6月21日　ロサンゼルス・ドジャース戦
- **WHERE** エンゼル・スタジアム
- **SCENE** 0－1　6回表　二死一、二塁（投手大谷）

Impressive presentation to a potential transfer team
移籍候補先に強烈プレゼン
強力ドジャース打線相手に奪三振祭り

BACKGROUND

　ついに投手大谷が強豪ドジャースと今季初対戦します。結果的に、翌年チームメートとしてプレーすることになるムーキー・ベッツ、フレディ・フリーマンのMVPコンビらを擁する強力打線を抑えるのは並大抵のことではありません。

　大谷は初回から飛ばし、2番フリーマン、3番スミスから連続三振を奪い上々のスタートを切ります。4回はフリーマンのソロホームランで1点を失うものの6回二死まで10奪三振とドジャース打線を圧倒。

　ここでヘイワードにヒットを打たれ、走者一、二塁のピンチを迎えたところでギアチェンジ！　次打者バルガスから三振を取りにいきます。移籍先候補と巷で噂される相手に、圧巻のPRをすることができるでしょうか？

♥WORDS & PHRASES IN LIVE

❶ **swing and miss**：「空振り」
❷ **spectacular**：「偉大な、素晴らしい」
❸ **tie〜**：「〜の記録に並ぶ」。31、179ページ参照
❹ **an Angel**：「エンゼルスの1人の選手」
❺ **One hundred mile per hour**：「時速100マイルの」
❻ **done**：「終了して」

LIVE SHO-TIME! 34

Trying for number eleven against Miguel Vargas.

ミゲル・バルガスから11個目（の三振）を狙います。

　　　大谷の投じたストレートは外角高めいっぱいをかすめる
　　時速100マイルの表示！　バルガスはファールチップで三振する

❶Swing and miss!

ファールチップで三振！

Shohei Ohtani! The ❷spectacular one with his 11th strikeout of the night.

ショウヘイ・オオタニ！　偉大なる選手が今夜11個目の三振を奪った。

　　　　　　マウンドを引き上げる大谷に観客は大きな拍手

❸Ties the most ❹an Angel has ever had against the Dodgers.

エンゼルスの投手がこれまでに対ドジャース戦で記録した最多奪三振に並びました。

❺One hundred mile per hour fastball tells you that Shohei may be ❻done for the night, but that was the perfect one.

時速100マイルのファストボールを投げたということは、ショウヘイは今夜はこれで降板かもしれませんね。でも完璧なボールでした。

　大谷はバルガスを2ストライクに追い込むと、この日最速となる時速100マイルのフォーシームでファールチップで三振に打ち取ります。ピンチの場面で華麗にギアチェンジする様は、来季の大谷獲得を目指すドジャース首脳陣に対して強烈なアピールになったことでしょう。

　spectacular は「素晴らしい」の意味で、米テレビ放送局 Bally Sports で2023年の5月から放映開始された大谷が主人公の短編アニメ『THE SPECTACULAR SHOHEI』から流用していると思われます。"Ties the most an Angel has ever had against the Dodgers." は most のあとに、strikeouts が省略されており、an Angel 以下は most を後置修飾しています。なお、an Angel とは「エンゼルスの一選手」という意味です。

　最後の CC のセリフ、"One hundred mile〜be done〜" は、「この時速100マイルは、ショウヘイはもう終わりかもしれないということを示している」が直訳ですが、大谷がこのイニングのために体力を温存したりせず、100パーセントの力を出したことを伝えたいのですね。結局大谷は7回も続投し、奪三振の数を12個まで伸ばします。エンゼルス打線が沈黙したため敗戦投手になってしまったものの、強力打線相手に7回1失点の素晴らしい快投を見せてくれた大谷に、スタンドからは大きな拍手が起こりました。

▼ 日常で使えるイチオシ表現

チーム名の単数：「〜所属の選手」。例 **an Angel** でエンゼルスの選手
As a Lion, his performance this season has been so great.　ライオンズの選手として、今シーズンの彼の活躍は際立っている。

▼ LIVE SHO-TIME のおさらい

Ties the most an Angel has ever had against the Dodgers.
エンゼルスの投手がこれまでに対ドジャース戦で記録した最多奪三振に並びました。

Curse by "naoe"?
「なおエ」の呪い?

> **OHTANI GRAND SLAM! NOLAN SCHANUEL FIRST CAREER HIT! GAME SAVING TRIPLE PLAY IN THE NINTH...**
> **...and the Angels lose 9 - 6**
> オオタニの満塁ホーマー! ノーラン・シャニュエルのメジャー初ヒット! 9回のピンチを救うトリプルプレー……
> ……そしてエンゼルスは6-9で敗れた

2023年8月18日、米メディア「トーキン・ベースボール」は公式X(旧twitter)にこのような投稿をしました。これぞ究極の「なおエ」です。

> なおエとは、日本で用いられている野球のメジャーリーグ関連のインターネットスラングで、「なお、エンゼルスは試合に敗れた」の略語　　　　　　　　　　　（フリー百科事典 Wikipedia より）

もはやWikipediaにさえ掲載されている「なおエ」、特に大谷選手が投打で活躍しながらも、チームが敗戦してしまったときによく目にしました。

この日の大谷翔平は、本拠地エンゼル・スタジアムで指名打者として出場します。2回に自身2度目となる43号満塁弾を放ち、チームは5-1と幸先よく4点をリードし、ムードは最高潮になります。

ところが、レイズに4回に3点、5回に1点を取られて同点とされたあと、7回に勝ち越しの1点を入れられ、なにやら暗雲が立ち込めます。

エンゼルスもその回の裏、期待の若手シャニュエルが記念すべきメジャー初ヒットを放つと、その後ドルーリーの二塁打で自ら同点のホームを踏みます。そして9回表、エンゼルスは無死一、二塁というピンチを迎えます。が、ラミレスの放ったショートゴロは二塁→一塁→本塁と送られ、奇跡のトリプルプレー！　ピンチをしのぎます。

　しかし結局、延長10回表に3点を奪われ、エンゼルスは6-9で敗れます。大谷の満塁弾も、若手の躍動も、トリプルプレーも勝利に結びつかず、ファンからは「これぞ究極のなおエ」と嘆きのコメントがあふれました。

　米国には、「大谷のようなスタープレーヤーの存在もむなしくチームが敗戦すること」に相当する表現として「タングステンの腕を持つオドイルの呪い」(The Curse of Tungsten "Arm" O'Doyle)があります。オドイルとは架空のスーパーベースボールプレーヤーの名前で、どんなに優れた個人の活躍を持ってしてもチームの勝利に結びつかない状況を皮肉っています。

　とはいえ、大谷の活躍時に限って「なおエ」が多発するわけではありません。エンゼルスはこの試合の時点で主力選手に負傷者が多く、戦力的に厳しい状態でした。そして、もちろん個々の選手たちは勝利を目指して懸命にプレーをしていることは忘れないでおきましょう。

日常で使えるイチオシ表現

and ～：「そして結局（～になっちゃったよ）」

いい展開を期待させておいてからの悲しい結末を伝えてみよう

I bought new clothes, got a haircut, and put on a perfume...and she canceled the date with me.

私は新しい服を買って、髪を切って、香水をつけた……そして、彼女は私とのデートをキャンセルした。

SHO-TIME 35

Absolute rocket
完全にロケットだ

STAGE

- **WHEN** 2023年6月30日　アリゾナ・ダイヤモンドバックス
- **WHERE** エンゼル・スタジアム
- **SCENE** 0－5　6回裏　無死走者なし（打者大谷）

自己最長150メートルアーチ

My longest 150-meter home run

歴史的6月を強烈なロケット弾で締めくくる

BACKGROUND

　例年6月は打撃好調の大谷ですが、2023年は相手も全くお手上げになるほどの猛打でした。打率.394、15本塁打、29打点とすべて自己最高で、連日話題を呼んだ2021年の打率.309、13本塁打、23打点を上回る成績を挙げ、打者としての完成度をより高めた感がありました。メジャー最強打者としての地位を築いていった時期でもあります。

　6月最終日に行なわれたこの試合、先発キャニングが崩れ、序盤で相手に5点のリードを許し、逆にエンゼルス打線は5回まで無得点と沈黙します。エンゼルスの勝利は厳しくなりましたが、それでもファンはせめて「楽しみにしている例のモノ」を見たいと思っているはずです。

♥WORDS & PHRASES IN LIVE

❶ **There's a drive!**:「いい当たりだ!」
❷ **get ~ on the board**:「~に得点を与える」
❸ **absolute rocket**:「完全にロケットのような打球」
❹ **Wayne**:「ウェイン」。PBPの呼び名
❺ **what did I say?**:「ほら、言った通りでしょう?」
❻ **Tommy**:「トミー」。ダイヤモンドバックスのトミー・ヘンリー投手
❼ **miss~**:「~を打ち損じる」。75ページ参照
❽ **sound**:「打球音」。ベースボール実況で最も多く聞かれる音である **sound off the bat** のことを指す

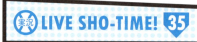

LIVE SHO-TIME! 35

大谷はヘンリーの2球目真ん中のスライダーをライト方向に打った瞬間に
確信のバットフリップ

①There's a drive!

いい当たりだ!

強烈な打球は右中間スタンドの2階席へ向かって着弾

Shohei Ohtani ②gets the Angels on the board, with his 30th home run.

エンゼルス、ショウヘイ・オオタニの30号ホームランで、ようやくスコアボードに得点を刻みます。

An ③absolute rocket!

完全なロケット弾だ!

④Wayne, ⑤what did I say? You make one mistake to this guy, one mistake and ⑥Tommy finally made it and Shohei did not ⑦miss that ball.

ウェイン、言ったでしょう? この男に1つミスをすればだね、たった1つのミスでもだよ、でもトミーはそれをやってしまって、ショウヘイはその球を見逃さなかったんだ。

大谷、二塁を回ったところで右手を突き出してガッツポーズ

That ⑧sound... It's different.

あの打球音……(ほかの選手とは)違いますね。

5点ビハインドで6回の先頭打者として打席に入った大谷は、相手左腕ヘンリーの投じた2球目、甘く入ったスライダーをフルスイング。すると、バットからは強烈な爆発音がして、打球は凄まじいスピードでライトスタンドに向かって驀進(ばくしん)します。

打った瞬間に大谷は確信歩きをし、打たれたヘンリーは目で打球の行方さえ追いません。PBPも打球がスタンドに着弾するより先に、"Shohei Ohtani gets the Angels on the board"と叫びます。これは直訳すれば、「ショウヘイ・オオタニがエンゼルス(の得点)をスコアボードに乗せた」となり、「ようやく1点返した」ことを伝えています。PBPはこの打球を"An absolute rocket!"(完全なロケット弾)と形容しますが、強烈な打球を表すときにしばしば使われる表現です。

CCの"what did I say?"は、直訳の「私は何を言いましたか?」から「ほら、さっき言ったでしょう」の意味で使われ、「前もって予想していたことが実際に起きた」ときに使われます。この打席の前に、「好調大谷の前では1球たりとも失投は禁物」という内容の会話がなされていたことが推測できます。

このホームランは493フィート(約150メートル)の自己最長弾で、このシーズン、メジャー全体で最も飛距離の出たホームランになりました。SHO-TIME 33のような逆方向に伸びるアーチも大谷らしい打球ですが、この30号のような引っ張った特大アーチはやっぱり格別ですね。

日常で使えるイチオシ表現

What did I say? :「言った通りでしょう?」
What did I say? It worked out perfectly.
私が言った通りでしょう? 完璧にうまくいったね。

LIVE SHO-TIME のおさらい

Wayne, what did I say? ウェイン、言ったでしょう?

Complete game shutout
完封試合

場面 STAGE

- **WHEN** 2023年7月27日　デトロイト・タイガース戦
- **WHERE** コメリカ・パーク
- **SCENE** 6-0　9回裏　二死走者なし（投手大谷）

Congratulations on your first shutout in the Major Leagues
祝メジャー初完封勝利
ダブルヘッダー初戦で1安打シャットアウト

背景 BACKGROUND

　投手の分業制が進み、「肩は消耗品」という考えによる投球数管理の観点から、近年メジャーリーグでは完投が激減しています。2023年はリーグ全体でも完投数は36しかなく、1チーム当たり162試合中1試合程度しかない計算です。大谷自身も2018年の渡米以来、いまだ完投はありません。大谷は、直近3試合の登板は5失点、4失点、と精彩を欠いていました。前日の登板予定が雨天中止となり、スライド登板となったこのタイガースとのダブルヘッダー第1戦、不安の声のほうが大きかったのですが、ストライクを先行させて凡打の山を築き、8回まで1安打無失点の快投を見せます。そして9回もツーアウトを迎え、運命の瞬間までいよいよあと1人となりました。

♥ WORDS & PHRASES IN LIVE

❶ **complete game shutout**：「完投完封」
❷ **there it is**：「ほら、そうなったよ」
❸ **go all nine**：「9回を投げきる」
❹ **shake ~'s hand**：「~と握手を交わす」
❺ **the Unicorn**：「ユニコーン」。伝説の一角獣。大谷の通称
❻ **soon-to-be~**：「まもなく~になる予定の」
❼ **have never been better**：「これほどよかったことはない」
　→「過去最高」
❽ **Big League**：「メジャーリーグ」

LIVE SHO-TIME! 36

大谷、3-1から打者グリーンに時速98マイルのストレートを投じる
グリーンがセンターにライナーをはじき返すもモニアックの守備範囲

This would be the first ①complete game shutout.

これは初のシャットアウトになりそうだ。

モニアックが難なく捕球してゲームセット！

And ②there it is!

そしてシャットアウトになりました！

大谷が笑顔で捕手ウォラックに歩み寄る

Shohei Ohtani ③goes all nine.

ショウヘイ・オオタニが9イニングを投げきりました。

And there it is the chance to ④shake Chad Wallach's hand. First career complete game shutout for ⑤the Unicorn.

そしてチャド・ウォラックと握手を交わします。「ユニコーン」にとって初のシャットアウトです。

The ⑥soon-to-be two-time AL MVP ⑦has never been better on a ⑧Big League mound.

まもなく2度目のア・リーグMVPを獲るであろう男が、メジャーのマウンドで過去最高のパフォーマンスを見せました。

　9回、最後の力を振りしぼって投げた球は時速98マイルを計測します。打者グリーンはセンターにライナーではじき返すものの球威に押されて失速し、モニアックが難なく捕球します。大谷にとってメジャー移籍後初の完封試合（complete game shutout）です。PBPは、センターが捕球体勢に入ったのを見た時点で、"This would be the first complete game shutout."（これは初の完封試合になりそうだ）と伝え、捕球した瞬間に"And there it is!"（ほら、実際そうなったよ）と言っています。

　CCも興奮し、フライング気味に大谷のMVP受賞がまるで確定しているかのように"soon-to-be two-time AL MVP"（まもなく2度目のア・リーグMVPを獲るであろう男）と言っているのも面白いですね。"has never been better"は「今までこれほどよかったことはない」という直訳から、「これまでで最高だ」という意味になります。つまり、「この完封劇は投手大谷としてはメジャー移籍後最高のパフォーマンスである」と言いたいわけです。

　この試合後には1時間足らずでダブルヘッダー第2試合が始まります。9回を投げきって疲労困憊しているに違いない大谷、第2試合はどうするのでしょうか？

💙 日常で使えるイチオシ表現

have never been better：「これまでで最高だ」
My health has never been better since I started jogging last month.　先月ジョギングを始めてから、これまでにないくらい体調がいいんだ。

💙 LIVE SHO-TIMEのおさらい

The soon-to-be two-time AL MVP has never been better on a Big-League mound.　まもなく2度目のア・リーグMVPを獲るであろう男が、メジャーのマウンドで過去最高のパフォーマンスを見せました。

SHO-TIME 37

The nightcap
ダブルヘッダー2試合目

場面 STAGE

- **WHEN** 2023年7月27日　デトロイト・タイガース戦
- **WHERE** コメリカ・パーク
- **SCENE** 6-2　4回表　二死走者なし（打者大谷）

Historic day: two home runs immediately following a shutout

歴史的一日。完封直後2HR
完封直後のダブルヘッダー2試合目で2アーチ

BACKGROUND

　SHO-TIME 36からわずか45分後、ダブルヘッダー2試合目（nightcap）が開始されます。nightcapとは本来、就寝前に飲むその日最後のお酒のことを指しますが、夕刻以降に行なわれることが多かったベースボールのダブルヘッダーに対しても「その日最後の試合」の意味で、通称として使われるようになりました。

　ダブルヘッダー1戦目で完投した投手が、2戦目にも打者として出場すること自体が尋常ではありません。しかし大谷は当たり前のように出場し、なんと2打席目にレフトに技ありの逆方向アーチを叩き込みます。これだけでも驚愕ものですが、彼はさらに「やりすぎ」てしまうのです。

♥WORDS & PHRASES IN LIVE

❶ **get going**:「いきそうだ」
❷ **have done it**:「（重要なことを）やり遂げた」
❸ **Santa Maria**:「なんてことだ」。驚きを表す間投詞。もとは「聖マリア」が神様のように崇められているイメージから
❹ **the nightcap**:「その日最後に飲む酒」→「ダブルヘッダー2試合目」
❺ **grab**:「〜をつかむ」
❻ **back**:「腰」

LIVE SHO-TIME! 37

大谷、投手マニングの投げた真ん中寄りフォーシームをとらえる

He got another one. ①Get going!
また打ったぞ。これはいきそうだ！

低い弾道の弾丸ライナーが右中間スタンドに突き刺さる

Ohtani... ②has done it again!
オオタニが……またやった！

③Santa Maria!
サンタ・マリア！

だが大谷は左腰あたりを痛そうにさすりながらベースを1周する

Complete game shutout, check. Two homers in ④the nightcap, check.
完封試合は、「チェック」。ダブルヘッダー2戦目ホーマーも、「チェック」。

But he ⑤grabbed his side or ⑥back after the swing.
ただ、スイング直後に脇腹か腰のあたりに触れてましたね。

 **EXPLANATION**

　大谷の勢いは止まりません。2回のツーランに続き、この回は5球目のフォーシームをとらえると、打球速度約188キロ、角度22度の弾丸ライナーが右中間スタンドに突き刺さります。ＰＢＰも大谷が打った直後に、"He got another one."（また打ったぞ）とホームランを確信して叫びます。get goingは「さあ始めるぞ」の意味ですが、ここでは「これはホームランになるぞ」と伝えようとしています。完封直後の試合でまさかの2打席連続アーチに驚嘆したＰＢＰバスガージアン氏の口から十八番のフレーズ"Santa Maria!"が飛び出します。
　"Complete ～ check."の部分ですが、「"完封"の欄にチェック印が、そして"ダブルヘッダー2試合目に2ホーマー"の欄にもチェック印が入りました」と面白い言い回しをしています。むろん、この2つのミッションを同時にクリアする選手など今後現れないだろう、というジョーク込みです。しかし、打った直後に大谷は左腰のあたりを押さえ、痛そうな素振りを見せます。結局、同箇所のけいれんを訴えた大谷は7回に途中交代します。さすがに頑張りすぎたのでしょうか？ 「無理は禁物だよ」という神のお告げだったのかもしれませんね。

日常で使えるイチオシ表現

Check：「チェック完了」（「よし確認済み」という独り言のイメージ）
I wonder if I have everything I need for the trip. Passport, check! Wallet, check!
旅行に必要なもの、全部持ってるかな。パスポート、チェック！ 財布、チェック！

LIVE SHO-TIME のおさらい

Complete game shutout, check. Two homers in the nightcap, check.
完封試合は、「チェック」。ダブルヘッダー2戦目ホーマーも、「チェック」。

Through the inning
この回をしのいで

 STAGE

- **WHEN** 2023年8月9日　サンフランシスコ・ジャイアンツ戦
- **WHERE** エンゼル・スタジアム
- **SCENE** 0−1　6回表　無死走者一塁（投手大谷）

Last victory with the Angels
エンゼルスでの最後の勝利
味方に助けられ2年連続の10勝10本塁打

 BACKGROUND

　7月27日に完封勝利を挙げた大谷ですが、次戦のマリナーズ戦は4回を終えて「腕の疲労」で降板。それ以前にも打者としても複数回けいれんを発症するなど、身体が悲鳴をあげているようでした。

　この日の登板も2回の1失点のみに抑えてはいるものの、本調子ではないように見えました。平均球速も普段より遅い時速96マイル（154キロ）しか出ていません。

　エンゼルス打線も沈黙し、5回まで終わって0-1のままでした。そして6回、先頭フローレスに四球を出した際、大谷はマウンドで足を滑らせてしまいます。故障ではなかったものの、かなり疲労している様子です。それでも大谷は続投を志願しますが……。

♥WORDS & PHRASES IN LIVE

❶ **line**：「ライナー性の打球を打つ」
❷ **a nice pick**：「うまく捕球すること」。**pick**は「球を拾い上げること」を表す
❸ **ground ball**：「ゴロ」。**ground** の発音がなまって日本語の「ゴロ」になったとされる
❹ **through ～**：「～を乗り越えて、しのいで」
❺ **off the bag**：「ベース（**bag**）から足が離れて」
❻ **on the tag**：「タッチして」。**tag** は、もとは「鬼ごっこ」の意味

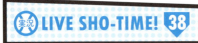

LIVE SHO-TIME! 38

大谷が6球目に投じたスプリットは高めに浮いてしまう
ペダーソンはライナーでセカンドベースの右にはじき返す。抜けるか?

That's ①lined toward second. Drury with ②a nice pick. Gets it to second for one. Over to first. Two! A double play! Nicely started by Brandon Drury!

セカンドへライナー性の当たり。ドルーリーがうまくさばいて、セカンドに投げてまずワンアウト。ファーストへ送球します。ツーアウト! ダブルプレーだ。ブランドン・ドルーリーの好守備から始まりました!

That was not an easy play.

やさしいプレーではありませんでしたよ。

打者交代。大谷が次打者デービスに3球目を投じる
力のないフォーシームだったがデービスは打ち損じる

③Ground ball to third. That should get Shohei ④through the inning.

サードゴロだ。これでショウヘイはこの回はしのげそうだ。

サードのムスタカスの送球がそれてファーストのクロンの足がベースを
離れたもののランナーに直接タッチしてアウト。この回を乗りきる

Moustakas' throw pulls Cron ⑤off the bag but right ⑥on the tag on Davis.

ムスタカスの送球がそれてクロンの足がベースから離れましたが、デービスにタッチできましたね。

 **EXPLANATION**

　大谷は制球が定まりません。この場面で打者ペダーソンに投じたスプリットも高めに浮いてしまいます。これをペダーソンはハーフライナーでセカンドベースの右にはじき返します。が、セカンドのドルーリーが逆シングルで巧みにワンバウンド処理！　二塁→一塁と送られてダブルプレーとなります。ツーアウトとなり、次打者デービスに対しても2球ボールを続けたあとの3球目は時速89マイルの力のないフォーシームでした。しかしデービスはこれを打ち損じ、サード正面のゴロ (ground ball) となります。サードのムスタカスからファーストへの送球はそれたものの、打者デービスに直接タッチしてスリーアウト。tag はこの場合、「走者を追いかけてタッチすること」を指します。守備陣に助けられて大谷は6回を乗りきりました。through the inning は、「イニングをしのいで」の意味です。

　その裏、好守備を見せたドルーリーのタイムリーで同点としたエンゼルスは、さらにムスタカスの3ランで4対1と突き放します。大谷に勝利投手の権利が転がり込んできました。結局、7回以降は救援陣がジャイアンツ打線を無失点に抑え、大谷は史上初の「2年連続10勝10本塁打」を達成しました。結果的には、大谷にとってエンゼルスで最後の勝利となるこの10勝目は、仲間の好守に助けられてのものでした。

💙 日常で使えるイチオシ表現

through~：「~を乗り越えて」
He succeeded through many difficulties.
彼は多くの困難を乗り越えて成功しました。

💙 LIVE SHO-TIME のおさらい

That should get Shohei through the inning.
これでショウヘイはこの回はしのげそうだ。

SHO-TIME 39

> **Struck pretty well**
> すごく強い当たりだ

場面 STAGE

- **WHEN** 2023年8月16日　テキサス・レンジャーズ戦
- **WHERE** グローブライフ・フィールド
- **SCENE** 0-0　1回表　一死走者なし（打者大谷）

No helmet, no problem
ノーヘルメット、ノープロブレム
スイングで帽子が脱げ、そのままベースラン

背景 BACKGROUND

　大谷を見ることの楽しさは、単に彼が大事な場面で打ったり、相手を抑えたりして勝利に貢献したかどうかで測ることはできません。試合の勝敗とは関係なく、爆音から放たれる大ホームラン、一見変哲のないフライに見える打球のスタンドイン、時速100マイルの速球やエグい変化球で相手を翻弄する奪三振、といった天性の才能と努力から生まれるスーパープレーそのものを見るだけでも楽しいのです。そして、レフト前二塁打やセーフティバントなど、私たちの脳をバグらせる珍光景を年に何度も見られるのもまた、大谷ウォッチの醍醐味です。

　８月中旬、エンゼルスの上位進出はすでに厳しい状況となり、ファンの楽しみは選手個々のプレーを見ることに移りつつあります。さて、この日の大谷のホームランは結果的に決勝点とはなりましたが、この「ノーヘルメットベースラン」のほうが話題になりました。

♥ WORDS & PHRASES IN LIVE

❶ **Struck (pretty) well**：「（とても）いい当たりだ」
❷ **at the wall**：「（野手が）フェンスに張りついて」
❸ **reach (ed)〜**：「〜に到達する」
❹ **hair fly**：「髪がなびく」
❺ **around the bases**：「ベースを1周して」
❻ **locks**：「（整った）髪の毛」

大谷、グレイの投じた2球目真ん中高めボール気味の球を強振
勢いでヘルメットがずり落ちる

There's a high fly ball. Left center field.
高い打球だ。左中間だ。

①Struck pretty well!
大変強い当たりだ!

打球は想像以上の伸びを見せる

Taveras back ②at the wall. It is gone!
タベラスがフェンスまで下がった。入った!

大谷はノーヘルで髪をなびかせながらベース1周

Shohei Ohtani has ③reached number 42 and ④hair flied ⑤around the bases with Shohei as he gave the Angels one-nothing lead.
ショウヘイ・オオタニが第42号に到達しました。そして髪の毛もなびきながら、ショウヘイとともにベースを1周しました。エンゼルス1対0のリードです。

Those flowing ⑥locks as he ran around the bases without his helmet.
ヘルメットなしでベースを回る彼の髪は流れるようになびいていましたね。

 **EXPLANATION**

　初回、一死から打席に入った大谷は、初球のチェンジアップを見送ったあと、2球目の真ん中高めにやや外れているストレートを引きつけて強振します。
　スイングの瞬間、勢いでヘルメットがずり落ち、大谷自身も体勢を崩します。
　画面で見ている分には、体勢を崩されての外野フライという印象でしたが、実際にはしっかりジャストミートしていたようでした。実況"Struck pretty well!"は、直訳の「極めて強く打たれた」から「強い当たりだ」の意味を表します。画面越しに見ると放たれた打球の勢いがいかほどのものかはわかりにくいものです。しかし、現地にいる PBP が"Struck pretty well!"と言えば、テレビ視聴者もすぐに「強い当たりなんだな」と認識できます。打球は大谷特有の伸びを見せ、左中間スタンドへのホームランとなりました。
　"reached number 42"の reach は「(目標や大きな数字)〜に到達した」という意味で使われ、「42号に到達した」の意味です。「貴重な先制アーチ」でしたが、話題を集めたのは別のことでした。ヘルメットが脱げた大谷がそのままベースランニングをしたのです。長めの髪をなびかせて走るその姿は、さながら映画スターのよう。
　「ホームランを打ち、ノーヘルでベース1周する」という世にも珍しい光景が生まれた瞬間です。

日常で使えるイチオシ表現

reach 〜:「〜に到達する」
Her annual income has reached a million dollars.
彼女の年収は100万ドルに到達した。

LIVE SHO-TIME のおさらい

Shohei Ohtani has reached number 42.
ショウヘイ・オオタニが第42号に到達した。

COLUMN 9

Classy consideration by Mr. and Mrs. Ohtani
大谷夫妻の粋な計らい

　2024年5月16日、大谷翔平は本拠地ドジャー・スタジアムで行なわれたレッズ戦の前に、観戦に訪れた病と闘う少年、アルバート・リー君と対面。英語でやりとりをした。そのときの様子がファンの注目を集めました。
　この日は、大谷のボブルヘッド人形が配布される試合で、球団は当初、大谷の妻・真美子さんに始球式を打診していました。しかし大谷夫妻は、「もっとふさわしい子どもに始球式をお願いしたほうがいい」と、リー君に白羽の矢が立ちました。

リー君の前にサプライズ登場した大谷は"Hey, nice to meet you. Nervous?"（やあ、はじめまして。緊張してる？）と流ちょうな英語で話しかけます。

　すると、リー君は感激のあまり口をあんぐりさせたまま。大谷はその場でユニフォームにサインをしてリー君に渡し、再び英語で語り掛けました。"Thank you for coming tonight. Are you ready? You're gonna throw today. First pitch. OK?"（今日は来てくれてありがとう。今日投げるのはキミだよ。オッケー？）

　大谷が、公の場で「即興の」英語を話すシーンはこれまであまりありませんでしたが、今回見せた英語の上達ぶりはファンをうならせました。

　リー君は生後まもなく心臓病と診断され、これまで何度も心臓の手術を受けてきました。この試合の時点では無事に中学校を卒業しており、リトルリーグで強打者として元気に活躍していました。

　あとから、大谷と会った感想を尋ねられたリー君は"I couldn't even breathe for like 10 seconds."（10秒くらい息ができなかったよ）とにっこり。リー君、一生の思い出ができましたね！

日常で使えるイチオシ表現

I couldn't breathe. : 息ができなかったよ。

She couldn't breathe for a few seconds after she saw the movie star.
彼女はその映画スターを見たあと、数秒間息ができなかった。

驚きや緊張でドキドキした気持ちを伝えよう

I couldn't breathe when he suddenly proposed to me.
彼が突然プロポーズしたとき、息ができなかったわ。

SHO-TIME 40

In the blink of an eye
瞬くまに

🏟 STAGE

- **WHEN** 2024年4月3日　サンフランシスコ・ジャイアンツ戦
- **WHERE** ドジャー・スタジアム
- **SCENE** 4-3　7回裏　二死走者なし（打者大谷）

SHO Act 2 begins
SHO第2幕開演
ドジャース移籍後、第1号ホームラン

BACKGROUND

　FA（フリーエージェント）となっていた大谷翔平は2023年12月、ナショナル・リーグの強豪ドジャースと契約合意したことを発表します。8月23日の登板時に腕の違和感を訴えて2回途中降板した大谷は、検査の結果、右肘靭帯の損傷が発覚し、10月に2度目の靭帯移植手術（トミー・ジョン手術）を受けました。復帰までは1年以上かかる見通しです。したがってドジャース移籍1年目の2024年は、打者に専念することになります。しかし、予想に反してのスロースタートとなり、自己ワーストの開幕から8試合ノーアーチと苦しみます。そして満員の本拠地ドジャー・スタジアムで迎えた第9戦、シーズンが始まってから41打席目、第2幕の開演がついに訪れるのでしょうか？

♥ WORDS & PHRASES IN LIVE

❶ **due to**：「～する予定で、～しそうだ」

❷ **drill～**：「ドリルで穴をあける」→「（ドリルで突いたような）強烈な打球を打つ」

❸ **you can sign it**：「それにサインして」。選手が、使用したボールや道具を署名入りで保存する価値があるほどのパフォーマンスをした際に使われる表現。

❹ **signature**：「署名」→「その人物を象徴するもの」

❺ **worth the wait**：「待つだけの価値がある」

❻ **get out**：「（グラウンド外に）出る」→「ホームランになる」

❼ **in the blink of an eye**：「瞬くまに」

He's ①due to hit one hard and due to hit one far, a long way.

強く打つときがきたぞ。遠く、はるか遠くへ飛ばすときがきたぞ。

大谷、ロジャースが投げた外角高めシンカーをジャストミート
独特の打球音が響くやいなや球場全体から大歓声

②Drilled! Oh! Shohei Ohtani!

強い打球！　オウ！　ショウヘイ・オオタニ！

打球はあっというまに右中間スタンドに突き刺さる131メートル弾！

First Dodger home run.

ドジャースでの第1号ホームランだ。

大谷、安堵の表情でベースを1周する
観客は大興奮

OK. ③You can sign it. It's a ④signature.

よし。ボールにサインしてくれ。これこそ自分の証だと。

⑤Worth the wait and it ⑥got out ⑦in the blink of an eye.

待った甲斐がありました。一瞬でいきましたね。

Someone just got really rich out there catching that.

あれ（あのホームランボール）を捕った人は大金持ちになりましたね。

　1点リードの7回二死無走者、1発狙っていい場面です。PBPの"He's due to hit〜."は、「彼は〜を打つ予定だ」が直訳ですが、「そろそろ打ちそうだ」と大谷から雰囲気を感じ取っていることがわかります。

　ついに待望の瞬間がきました。5球目のシンカーを美しいスイングでとらえると、何度も聞きたくなるような乾いた打球音が響きます。PBPも"Drilled!"（ドリルで刺したような強い打球だ！）と叫んでいますね。打った瞬間、球場内の全員がホームランを確信して大歓声をあげます。貴重な追加点となるアーチです。

　"You can sign it."は「君はそれにサインしてもよい。」が直訳で、「このドジャースでの第1号ホームランボールは、大谷が署名をして保存すべき貴重なものだ」と強調したいがために使っている表現です。また、signatureは「その人を象徴するようなパフォーマンス」を指しており、「このホームランこそ大谷翔平だ」と言いたいのです。CCも言っているように、待つだけの価値がある（worth the wait）ホームランでした。got out in the blink of an eye（一瞬で球場外へ出た）は、打った瞬間それとわかるホームランに対して使われる表現です。メモリアル・アーチにふさわしい舞台で、それにふさわしいパフォーマンスで応える選手がショウヘイ・オオタニなのです。

　舞台は変わっても「ショウ」はまだまだ続きます。

日常で使えるイチオシ表現

worth the wait：「待つ価値がある」
The restaurant had a long line, but the food was worth the wait.：レストランは長蛇の列だったが、料理は待つ価値があった。

LIVE SHO-TIME のおさらい

Worth the wait and it got out in the blink of an eye.
待った甲斐がありました。一瞬でいきましたね。

大谷翔平のSHO-TIME ENGLISH
<small>おおたにしょうへい　　　　　ショウ　　タイム　　イングリッシュ</small>

著　者——緒方　孝（おがた・たかし）
発行者——押鐘太陽
発行所——株式会社三笠書房
　　　　　〒102-0072　東京都千代田区飯田橋3-3-1
　　　　　https://www.mikasashobo.co.jp

印　刷——誠宏印刷
製　本——若林製本工場

ISBN978-4-8379-4009-8 C0030
©Takashi Ogata, Printed in Japan

本書へのご意見やご感想、お問い合わせは、QRコード、
または下記URLより弊社公式ウェブサイトまでお寄せください。
https://www.mikasashobo.co.jp/c/inquiry/index.html

＊本書のコピー、スキャン、デジタル化等の無断複製は著作権法上での
　例外を除き禁じられています。本書を代行業者等の第三者に依頼してス
　キャンやデジタル化することは、たとえ個人や家庭内での利用であって
　も著作権法上認められておりません。
＊落丁・乱丁本は当社営業部宛にお送りください。お取替えいたします。
＊定価・発行日はカバーに表示してあります。

三笠書房

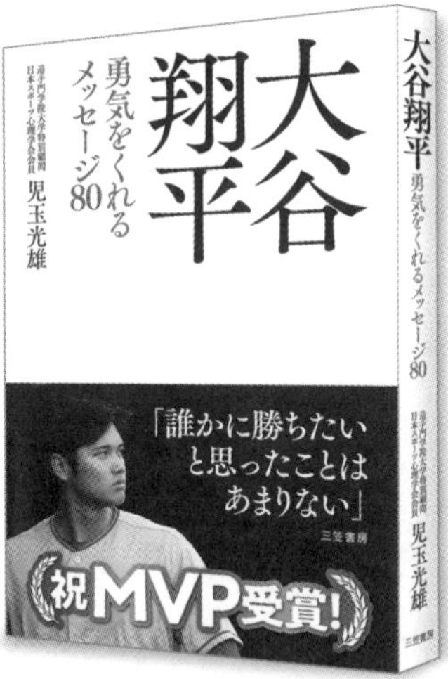

大谷翔平
勇気をくれるメッセージ80

追手門学院大学特別顧問
日本スポーツ心理学会会員 **児玉光雄**

「誰かに勝ちたいと思ったことはあまりない」

◆「常にポジティブでいようとは思っていません」
◆「先入観は、可能を不可能にする」
◆「一日に一つだけ、試していく。一気に二つはやりません」

この本との出会いがあなたの運命を変える！

決定版 時間を忘れるほど面白い
英語の語源大全

清水建二

365日、頭と心がよろこぶ100の驚き！

◆著書累計200万部のベストセラー著者の決定版！
◆語源学習法は、もっとも効果的な学習方法！
◆イギリス南部をイングランド（England）と呼ぶのはなぜ？
◆読むだけで芋づる式に語彙を増やせる！
◆語源から地理や歴史まで見えてくる！
◆楽しいイラストで見るだけで記憶できる！

地理　歴史　神話　雑学　文化…

できる人は知っている、語源は教養の宝庫！

三笠書房 知的生きかた文庫

たった48パターン！

朝から夜まで つぶやき英語

元上智大学学長 ウィリアム・J・カリー[監修]

清水建二[著]

「寝坊しちゃった！」を英語で言えますか？

中学レベルの基本パターンだけで1500シーンに対応できる超おすすめメソッド！

脳科学でも証明済み！

英会話の上達は、「声に出す」アウトプットが9割！

三笠書房

図解でやせる！
1週間で腹を凹ます
体幹力トレーニング

プロトレーナー　木場克己

「きつくない」のに確実にスッキリ!

今ある脂肪を燃やし、基礎代謝UP!
みるみる魅力的な"見た目"に変身!

1日5分　誰でもラクラク　即効!

769円 定価
本体価格:699円+税10%